LA CONEXIÓN ALEMANA

GABY WEBER

LA CONEXIÓN ALEMANA

EL LAVADO DEL DINERO NAZI EN ARGENTINA

edhasa

Weber, Gaby
　　La conexión alemana : el lavado del dinero nazi en Argentina. – 1° ed. – Buenos Aires : Edhasa, 2005.
　　192 p. ; 23x15 cm. – (Ensayo)

　　ISBN 950-9009-27-X
　　1. Investigación Periodística. I. Título
　　CDD 070.44

Diseño de colección: Jordi Sábat
Realización de cubierta: Juan Balaguer

Primera edición: febrero de 2005

© Gaby Weber, 2005
© de la traducción: Pablo Cámpora, 2005
© Edhasa, 2005
Paraguay 824 6° piso, Buenos Aires
info@edhasa.com.ar

Avda. Diagonal, 519-521. 08029 Barcelona
E-mail: info@edhasa.es
http://www.edhasa.com

ISBN: 950-9009-27-X
Hecho el depósito que marca la ley 11.723

Impreso por Artes Gráficas Piscis S.R.L.

Impreso en Argentina

Índice

Introducción

Cómo se inició la pesquisa

Hace casi dos décadas que trabajo en Sudamérica. En 1999, mientras llevaba a cabo una investigación sobre el tema "Los derechos humanos y las empresas industriales", me entero que durante la última dictadura militar argentina (1976-1983) fueron asesinados gremialistas opositores de la planta automotriz Mercedes-Benz –actualmente DaimlerChrysler– en González Catán, a 43 Km. de la ciudad de Buenos Aires. Hasta ese momento, nada se había difundido sobre este hecho. En agosto de 1999 se emite en la radio Westdeutscher Rundfunk (WDR) mi primer programa sobre los gremialistas desaparecidos de Mercedes Benz Argentina y también publico un libro. Poco tiempo después, la Asociación de Abogados y Abogadas Republicanos en Berlín formaliza la primera denuncia contra DaimlerChrysler por complicidad en asesinato. Luego se entablarán otros juicios.

En 2003, tras cuatro años de estar tanteando en la niebla, el nuevo gobierno del peronista Néstor Kirchner anuncia que permitirá el acceso a archivos que pueden contener información sobre la "Ruta de las Ratas", la huida de los nazis a Sudamérica. Un viento fresco removerá el aire en los archivos de la Nación.

En la búsqueda de documentos históricos, es habitual recibir como respuesta: "no se puede ubicar" o "ha sido destruido". Pero repentinamente los funcionarios se tornan amables. "¿Los archivos sobre Mercedes-Benz?" "¿Vos sos la del caso Mercedes-Benz?" El caso y los procesos contra la empresa alemana son seguidos con atención por la prensa argentina que comienza a difundirlos. Me tratan bien. Cuando solicito un documento, aparecen montañas de actas que no han sido revisadas jamás por ningún periodista. Es tanto el material que no logro procesarlo todo. Está depositado en mazmorras a las que puedo acceder sólo por unos pocos días, ya que por el momento la Administración no está preparada, material ni funcionalmente, para ordenar y abrir esos archivos.

Este trabajo es el resultado de una investigación sobre las actividades de Daimler-Benz y de otras empresas alemanas en Argentina, en particular las que comienzan a desarrollarse durante el primer gobierno de Perón (1946-1955). No analizo el peronismo –fenómeno complejo y contradictorio– que hasta hoy continúa emocionando a los argentinos. Asimismo, de la huida de los nazis al Río de la Plata, sólo menciono los movimientos relacionados con Daimler-Benz. La "Ruta de las Ratas" – *"Rattenlinie"*– ha sido muy poco investigada. Sobre todo si uno toma conciencia de que a principios de los años cincuenta se produjo un pequeño éxodo de nazis y fascistas hacia Argentina. Los historiadores hablan de 50.000 nazis alemanes, 8.000 croatas y también franceses, belgas y de otras nacionalidades. Los criminales de guerra buscados son una minoría, alrededor de 300 según las últimas versiones. La mayoría regresó a Europa al cabo de pocos años. Otros se quedaron y construyeron una nueva existencia, algunos con falsas identidades, contrajeron matrimonio, tuvieron hijos, pagan sus aportes jubilatorios.

El Vaticano y la Cruz Roja se encargaron de proveer documentos de identidad falsificados a los criminales de guerra. Al presentarlos en el puerto de Buenos Aires, se los canjeaba por un documento similar argentino. La Casa Rosada, el palacio presidencial, dio su bendición. Nadie preguntaba nada. Cuando las autoridades o sus hijos les requieran partidas de nacimiento, diplomas laborales o cualquier otro documento original, se alegará que la guerra destruyó todo.

No sólo los archivos estatales deben abrirse: también los del Vaticano y los de las industrias alemanas, en primer lugar los de Daimler-Benz. El procesamiento de esa información clarificará adónde fueron a dar los frutos del mayor crimen en la historia de la humanidad: la destrucción de vidas humanas por la maquinaria nazi. Estos frutos provienen de la "arianización" de la fortuna judía, del oro de los dientes obtenido en los campos de concentración, del trabajo forzado, del saqueo de los bancos centrales y de la apropiación de fábricas en los países ocupados. Provienen también del robo de materias primas en el "hábitat ampliado". El oro nazi no es una fortuna alemana. Los alemanes robaron ese dinero.

Esta obra tiene el propósito de fomentar la presión pública, para que se forme una comisión de especialistas que procese sistemáticamente los archivos en Argentina, en Alemania, en Suiza y en los Estados Unidos. Tarea imposible de cumplir en forma individual.

Así pues, comencé investigando la desaparición forzada de quince obreros molestos durante la dictadura del general Jorge Videla y continué con el lavado de dinero nazi en la Argentina peronista y en la Argentina de los años posteriores.

Pero hay un tercer tema que sale a la luz en estas páginas, tal vez el más perverso: el destino de los bebés nacidos en cautiverio. Durante la dictadura de los años setenta, Mercedes Benz, la empresa, como empresa, donó aparatos de neonatología al Hospital Militar de Campo de Mayo. Campo de Mayo fue el mayor campo de detención y tortura del Ejército Argentino, donde se realizaron partos clandestinos de mujeres secuestradas que posteriormente fueron asesinadas. Sus bebés fueron entregados a militares y personas de su confianza y anotados como hijos propios.

Una empresa —así lo indica la lógica capitalista— no dona: invierte siempre. En el momento de terminar de escribir este libro, entregué las partidas de nacimiento de los hijos y sobrinos del gerente de Mercedes Benz Argentina a la justicia argentina. Todo indica —como lo describo en las páginas que siguen— que estas criaturas, hoy hombres, fueron apropiadas.

Es sabido que el poder suele corromper a quienes lo detentan. Esta pesquisa intenta poner de manifiesto y reclamar justicia ante el horror de soberbia e impunidad de un grupo de hombres que, exacerbados de poder, han explotado, torturado, asesinado y expoliado sistemáticamente a otros seres humanos.

Capítulo 1

Los mitos, mitad mentira, mitad verdad

Todos los pueblos del mundo adoptan una versión de su propia historia con la cual se sienten más cómodos. Generalmente resulta ser la versión más conveniente para su autoestima y logran vivir confortablemente con ese mito.

El mito alemán: los alemanes creemos y hacemos creer al resto del mundo que a partir de 1945 –año de la capitulación incondicional– Alemania pudo, en muy poco tiempo, reconstruir el país desde las cenizas y transformarlo en un floreciente paisaje industrial, gracias al famoso trabajo de calidad alemán. El "milagro económico" es adjudicado al "laborioso alemán", modesto y trabajando-hasta-desfallecer. El padre espiritual y material de la Reconstrucción alemana fue Ludwig Erhard, ministro de Economía y más tarde canciller de la República Federal. Un hombre conservador pero que, como admiten hasta sus adversarios, no era nazi ni corrupto.

El mito norteamericano: creen y quieren hacer creer al resto del mundo que, más allá de su estolidez y su vocación imperialista, poseen una convicción anti-fascista. Y que en nombre de ella derrocaron a Adolf Hitler y luego, en 1955, a su admirador Juan Domingo Perón. Hasta hoy continúan buscando desesperadamente el tesoro nazi en todo el mundo. El informe gubernamental de Stuart Eizenstat en 1997[1] sanciona moralmente a la banca suiza por el lavado de dinero nazi durante la Segunda Guerra Mundial y fuerza a la industria alemana a pagar miles de millones de marcos a sus ex trabajadores esclavos.

El mito argentino: en los últimos días de la guerra, varios submarinos alemanes cargados con dinero, lingotes de oro y obras de arte, y transportando a altos jerarcas nazis –tal vez incluso a Hitler con su Eva– arribaron

en secreto a la costa argentina. Perón les dio cobijo a cambio de una fortuna
–que su Evita colocó en cuentas suizas en oportunidad de su famoso viaje–
que luego de su derrocamiento le permitió un exilio dorado en España.

Todos los mitos tienen parte de verdad y parte de mentira.

Es verdad que Alemania es un país industrializado que posee una larga
tradición manufacturera. Sus obreros son eficientes y responsables, como
los de otros países de cultura trabajadora. Pero no se puede afirmar que la
Reconstrucción de la industria haya sido mérito principal del "laborioso
alemán", y no de la fabulosa inyección de capital, proveniente del latrocinio
realizado por el Tercer Reich. La base de una de las mayores –si no la mayor– empresas de "lavado" de dinero en la historia fue un *Gentlemen-
Agreement* entre Jorge Antonio y Daimler-Benz. El dinero nazi fluyó desde
Argentina (donde previamente había ingresado por valija diplomática o
bajo otros modos ocultos) hacia los balances de la empresa en Stuttgart
como ingresos por negocios de exportación. Muchos lo saben, nadie lo
menciona. Es más cómodo creer y hacer creer a los demás en el "milagro
alemán", como otra demostración tardía de la superioridad racial.

Respecto de los Estados Unidos, es verdad que la intervención militar
estadounidense fue, después de la intervención militar del gobierno soviético, decisiva para derrocar a Hitler. Y es verdad que durante su ocupación
del sector occidental, las autoridades norteamericanas buscaron el tesoro
nazi y juzgaron a criminales de guerra. Y también es verdad que se implica-
ron en el golpe militar de 1955 contra Perón, a quien consideraban un nazi.
Vamos a dejar de lado aquí la pregunta de si es legítimo derrocar un gobierno
democráticamente elegido y que no representa ningún peligro para la seguridad de otros países, y que no violaba los derechos humanos de sus propios
ciudadanos en forma sistemática. Tampoco pongo énfasis en la pregunta de
si simplemente derrocaron a Perón para recuperar su prepotencia económica en el Río de la Plata, ya que hasta 1955 las empresas norteamericanas no
podían competir en Argentina contra Alemania.

No se puede negar que, después de la confiscación por las autoridades
argentinas de los bienes alemanes en el país, quien logró legalizar en 1958
este tesoro nazi fue un agente de la inteligencia estadounidense. Daimler-
Benz contrató a un oficial del Ejército norteamericano para salvar el imperio económico construido por Jorge Antonio. Después nombró a dicho
oficial director general de Mercedes Benz Argentina durante quince años.

Nada de esto menciona el informe Eizenstat, basado en las investigaciones del FBI, la CIA, el Departamento de Estado y el gobierno estadounidense. Centenares de páginas que nunca mencionaron esta pista argentina.

Es probable que los norteamericanos facilitaran el lavado del tesoro nazi, porque les era indispensable contar con una Alemania Occidental fuerte durante la Guerra Fría, para lo cual el gobierno en Bonn debía financiar el rearme. Además, en el caso de no lavarlo, los argentinos retendrían ese capital. También puede pensarse que dispusieran que una parte del tesoro recuperado fuese entregado a las víctimas en Israel y aplicado a financiar operativos como el secuestro de Eichmann en Argentina. Esconder el esclarecimiento de la verdad detrás del mito, constituye una mentira.

¿Y con qué mito viven los argentinos? Empecemos con Jorge Antonio. Nacido en 1917, en el seno de una familia de inmigrantes sirios, es una persona que hizo historia, aquél que movía los hilos en el primer gobierno del general Juan Domingo Perón. Según él mismo dice, estuvo preso por haber tenido un sueño: transformar a su país exportador de materias primas en un Estado industrial.

Podría decirse también que es alguien que supo valorar el momento propicio e ideó la forma de aprovecharlo: "lavar" el dinero nazi a cambio de la transferencia de tecnología. Por supuesto, tampoco era su intención caer en la pobreza.

¿Es un testigo histórico? En su casa de Punta del Este escucha esta pregunta y se ríe. ¡Un hombre de negocios!, dice. *Business. Geschäfte.* Y los mejores negocios se concretan en cierta zona gris: entre lo ilegal, lo semi-legal y lo bastante legal. Una red de amigos bien ubicados resulta de gran ayuda.

Primero fueron los empresarios alemanes, tras la Segunda Guerra Mundial. Más tarde, un socio, el sirio Monzer Al-Kassar, agente del Servicio Secreto británico en el Cercano Oriente y traficante de armas y narcóticos.[2] También fueron amigos suyos los generales que protagonizaron el golpe de Estado de marzo de 1976. Mucho antes de ser presidente, Carlos Menem fue uno de sus socios. Y Rodolfo Galimberti, el arrepentido guerrillero montonero que terminó siendo dueño de una empresa de seguridad, lo invitó a su casamiento.

¿Cómo se define políticamente? Vuelve a reír. Más allá de los mitos, en Argentina la política siempre termina siendo tan sólo un negocio. Al final se define: "anticomunista" y "de centro-izquierda". Eso nunca hace daño.

Hay que recordar que Jorge Antonio, en pocos años, construyó un imperio. A mediados de la década de 1950, en la cima de su poder controlaba, según sus declaraciones, cien millones de dólares americanos. Fortuna que equivaldría actualmente a mil millones.[3] Pero con el golpe de Estado de 1955 fue tildado de "colaborador nazi", expulsado del poder y encarcelado. Luego huyó de la prisión en Tierra del Fuego y volvió a prosperar. Pero rico, verdaderamente rico y todopoderoso, logró serlo durante el gobierno de Perón. Según un dictamen judicial de 1957, "su influencia era sólo comparable con la del entonces Presidente, a tal punto que era *vox populi* que el mencionado Jorge Antonio era un prestanombre de Perón y que actuaba encubiertamente en representación de él".[4]

¿Era realmente un testaferro de Perón? ¿O era Perón la fachada política de su *"business"*? ¿Ambos perseguían un mismo proyecto? ¿Obtener para Argentina la tecnología alemana de posguerra, con criminales de guerra de yapa?

Jorge Antonio era hombre de confianza del Presidente y ponía medios materiales y dinero a disposición de Perón y del aparato peronista.[5] Al mismo tiempo, era el hombre de confianza de la industria alemana en el Río de la Plata. Aunque también se "lavara" dinero nazi en otros países, después de la Segunda Guerra Mundial sólo en Argentina se dieron las condiciones políticas y productivas óptimas para legalizar la fortuna nazi. El botín fue ocultado desde antes de la derrota con la finalidad de financiar la futura Reconstrucción.

Antonio no desmiente el hecho. Pero afirma que fueron razones prácticas y no ideológicas las que abrieron a la Argentina para los nazis. Debía abrirse.

Dice que él no es un hombre de la política. Tampoco nazi. Mucho menos antisemita. Él es un hombre de la industria. Pero los industriales alemanes exigieron, como contrapartida por las maquinarias y los técnicos, que el gobierno guareciera a nazis y criminales de guerra en Argentina, encubiertos como "expertos". Un director de Daimler-Benz le entregó personalmente listas con los nombres de las personas que debía contratar en su fábrica –Mercedes Benz Argentina–, entre ellos el del criminal de guerra Adolf Eichmann.

Los antepasados de Antonio migraron desde Siria hacia el Nuevo Mundo. Querían "hacer la América" y llegaron primero a Uruguay. Sobre el ocaso de su vida, Jorge Antonio, "el Turco", hizo su América. A la vista están el haras "Dos Estrellas", un apartamento lujoso en el Barrio Norte de Buenos Aires y un chalet en el balneario uruguayo Punta del Este. Allí disfruta del verano sudamericano.

La propiedad ocupa casi una manzana. Con vista al puerto de yates y a la bahía. La puerta trasera está abierta, sin temor a ladrones o asesinos; también, de par en par, la entrada principal, un ancho portón de madera. Delante del garaje se asea un gatito gris. Un muchacho deja a un lado la cortadora de césped y viene hacia mí. Mi visita es anunciada. Se despierta Ruffo, un ovejero alemán, macho, atado al árbol con una cadena. Ladra como es su obligación y sacude el rabo. Me guían sobre una amplia escalera de piedra hacia el living, la sala de estar. Abundante madera, hierro fundido, cerámica. En la pared, retratos de caballos, su gran pasión.[6]

Me recibe Inés, su segunda esposa. Besito a la derecha, besito a la izquierda, "¿Cómo estás?". Mucha soltura. Ella desaparece en dirección a la piscina. Se presenta el Señor de la casa. A pesar de la temperatura veraniega lleva puesto un pulóver de lana verde. Toma mi saco y me hace pasar. Modales de la vieja escuela. La empleada sirve el cafecito.

A Antonio le caen bien los alemanes. Lo han ayudado y él a su vez los ayudó. No sólo a Daimler-Benz. Otros emprendimientos también operaban a través de la "Daimler-*connection*" para recuperar su liquidez.

Sobre esto no hace ningún misterio. ¿Qué puede perder a esta altura de su vida? Toda la información sobre estas operaciones figuran en un protocolo fechado el 29 de noviembre de 1955. Jorge Antonio es el acusado y él mismo dijo:

> En relación a las inversiones o radicaciones de los alemanes, tengo un documento firmado a ellos, con el Presidente de la Daimler-Benz y de carácter privado, donde yo cedo todos los derechos que tengo en la Argentina. Dicho documento está en Alemania, no existiendo en el país ninguna copia del mismo. Lo firmé en 1952, ni siquiera está sellado.[7]

Antonio me cuenta su verdad: conoció a Juan Domingo Perón, entonces ministro de Trabajo de la Junta Militar. Tenía conexiones con Juan Duarte, hermano de Eva Duarte, Evita. Le cautivaba la visión de una Argentina fuerte. Una "Argentina fuerte" debía tener una sólida base productiva y dejar de exportar solamente materias primas no-elaboradas –carne y trigo– y de importar bienes de consumo, desde fósforos hasta heladeras y maquinarias.

Argentina posee un rico subsuelo y tierras fértiles. Durante la Segunda Guerra Mundial abastece con comestibles tanto a los Aliados como al Reich alemán, a través de España y Portugal. Los Estados europeos quedan altamente endeudados con el gobierno de Buenos Aires. Para expresarlo con un modismo: "Los pasillos del Banco Central estaban tan atiborrados de lingotes de oro que no se podía caminar".

Argentina posee lo que la Alemania de posguerra necesita con urgencia: comestibles, capital y las condiciones políticas que permitan mirar hacia otro lado en el momento oportuno. Los argentinos creen que la Alemania de posguerra les dará en contrapartida lo que Argentina precisa: técnicos y maquinaria.

En ese momento, Jorge Antonio era gerente de la automotora Aguirre, Mastro & Cía., que importaba automóviles de Daimler-Benz desde antes de la guerra.

"Un día, un viernes, recibimos una carta, ofreciéndonos volver a tener relaciones con ellos", recuerda Antonio. A la brevedad viaja a Alemania y en Untertürkheim se le abren las puertas. Es recibido por Wilhelm Haspel, presidente de la Junta Directiva desde 1942. Los Señores estrechan sus manos. Jorge Antonio recibirá una fábrica de camiones. Los alemanes podrán "reciclar", vía Argentina, capital financiero y capital humano. El capital enterrado en Suiza es "lavado" y fluye hacia el balance financiero alemán como "ingreso por exportaciones". Personajes del nazismo, escondidos en Europa, consiguen nuevo alojamiento.

Haspel y Antonio llegan a un "entendimiento",[8] un *Gentlemen-Agreement*, como lo expresa la directiva de Daimler.[9] La Sociedad Anónima Daimler-Benz designa a Antonio como su apoderado. En 1951 Jorge Antonio funda, a las apuradas, la empresa Mercedes Benz Argentina. La misma se transforma en pocos años en una "monstruosa Organización".[10] Se incorpora a docenas de empresas, las provee de capital fresco y de testaferros, y entra con gran estilo en el negocio de exportación e importación. Contratos "truchos" y sobreprecios "lavan" el dinero nazi.

Pero Argentina subestima al adversario extranjero –Inglaterra y Estados Unidos– y al mismo tiempo se equivoca respecto a las intenciones de sus supuestos socios. En 1955, derrocan a Perón, Antonio es encarcelado, su

Zwischen der

DAIMLER-BENZ AKTIENGESELLSCHAFT, Stuttgart-Untertürkheim,

und

Herrn JORGE ANTONIO, Buenos Aires/Argentinien,

wird folgendes

Gentlemen Agreement

geschlossen:

1.) Herr ANTONIO beabsichtigt, die MERCEDES-BENZ ARGENTINA S.R.L. in eine Aktiengesellschaft umzuwandeln. Die Firma der Aktiengesellschaft soll wie folgt lauten:
        "MERCEDES-BENZ ARGENTINA S/A."

Das Kapital soll 20 000 000,- Pesos
der Erhöhung des Betrages

                    Aktiengesellschaft wird im Einvernehmen
            DAIMLER-BENZ festgestellt.

6.) Im übrigen haben beide Partner hinsichtlich der Aktien- gesellschaft die gleichen Rechte und Pflichten wie hinsichtlich der G.m.b.H..

Stuttgart-Untertürkheim, den 29. April 1952.

....   DAIMLER-BENZ AKTIENGESELLSCHAFT
    (Herr JORGE ANTONIO)

Gentlemen-Agreement.

imperio intervenido e incautada toda la contabilidad. Investigarán la procedencia del capital invertido. En Untertürkheim y en Bonn cunde el pánico.

Finalmente, con la ayuda del gobierno, Daimler-Benz "se arregla" con los nuevos dueños del poder y Mercedes Benz Argentina pasa a ser propiedad de la Sociedad Anónima alemana con sede en Stuttgart-Untertürkheim. El Capital siempre "se arregla" con todos los gobiernos, democracias o dictaduras. Según la situación. Como más convenga en el momento. El Capital tiene sólo un objetivo: la maximización de la ganancia. Si para ello deben morir millones de seres humanos en las guerras, tiene poca importancia. No es que el Capital sea inmoral. El Capital no tiene moral. Ni buena, ni mala.

Le pregunto a Jorge Antonio: ¿Nunca se había puesto a pensar de dónde provenía el dinero, que los alemanes desde 1950 –un año después de la fundación de la República Federal– invertían por medio de testaferros y empresas ficticias en la otra punta del planeta? ¿Que este dinero podía tener un origen ilegal? ¿Que este dinero podía ser "dinero nazi"? Se ríe. "Problema de los alemanes", repite. Él no se hace problemas. Vive cómodo con su verdad.

Los argentinos, en general, también viven cómodamente con su versión de la historia. Curiosamente, el mito argentino se atribuye el papel del malo de la película. Es verdad que Perón fue autoritario y que oprimió a la oposición. Que utilizó el soborno como instrumento de poder y que fue el responsable de la inmigración nazi. Pero él mismo no era nazi, no alentaba un proyecto racista –como tampoco lo hacía Mussolini– y no desarrollaba una política expansionista en la región. Admiraba el militarismo alemán-prusiano y tenía el proyecto de industrializar a su país –proyecto que contrariaba los intereses de los países ya industrializados.

Muchos peronistas, avergonzados por la conducta de su líder en el capítulo de la migración nazi, intentan excusarlo con el argumento de que también otros países, como los Estados Unidos, acogieron científicos de la Alemania nazi. Pero esto es una verdad a medias. Es cierto que en EE.UU. se lavó dinero nazi a través de la cesión de patentes y de la fundación de empresas. Y que la industria química norteamericana lucró con los resultados de los experimentos realizados con seres humanos en los campos de concentración. Pero solamente acogieron a unos pocos especialistas muy bien seleccionados.

En cambio, Argentina abrió las puertas a todos los camaradas del Partido Nacionalsocialista. De los cincuenta mil nazis que se guarecieron en el país, unos doce mil se radicaron como residentes, entre los cuales hubo

muy pocos "especialistas". Uno de ellos fue el general Kurt Tank, jefe constructor de la Planta de Construcción Aeronáutica Focke-Wulf Bremen y, a
partir de 1947, director de la fábrica estatal de aviones en Córdoba. A su
fábrica llegaron también "ingenieros" y "técnicos". Antonio contrató a la
hija Helga como su secretaria. Otro fue el promocionado físico Ronald
Richter, quien se pusiera en ridículo –y con él a toda Argentina– con la
supuesta fusión nuclear lograda en Bariloche. Los "conocimientos" del médico de los campos de concentración, Josef Mengele, no aportaron ningún
progreso a la medicina argentina. Y cualquier aprendiz de electricista sudamericano estaba mejor calificado que Eichmann para su empleo en la
Mercedes Benz Argentina.

La prensa acusó a Perón de haber cobrado en dólares la protección
brindada a los "viejos camaradas alemanes" y a Eva Perón de aprovechar su
viaje a Europa en 1947 para depositar el dinero en sus cuentas en Suiza y
dar luz verde a los operativos de huida. A pesar de intensas indagaciones,
parece que estas cuentas jamás existieron. Jorge Antonio también lo niega y
sostiene que Eva Perón quería sondear el terreno en Suiza en procura de
ingenieros y especialistas. *Headhunting* se diría hoy.

Lo que Antonio no dice es que probablemente la Primera Dama tuviera a
su disposición algunos fondos en Suiza, para endulzarles el traslado a los especialistas contratados. Aunque en 1947, la mayoría de los "especialistas" alemanes esperaban y mantuvieron luego la expectativa de retomar el poder tras el
retiro de los Aliados. Pronóstico erróneo que fue compartido por Perón, quien
supuso que la vieja Alemania resurgiría como una superpotencia, desencadenando una Tercera Guerra Mundial. La versión de Jorge Antonio de toda esta
operación es la siguiente: "Queríamos industrializar el país. A mí me interesaba
el problema de Argentina. Había un gobierno que facilitaba el desarrollo de las
industrias. Yo me apoyé en este gobierno y me dio resultado".

¿Qué es verdad y qué es mentira en las fantasiosas novelas de aventuras
sobre el tesoro de la SS?** Aún hoy persisten rumores sobre submarinos

---

* Los *headhunters* o cazatalentos son consultores especializados en la búsqueda activa
del candidato idóneo para puestos directivos de las empresas clientes. Son sacados de otras
empresas con ofertas muy atractivas para puestos de alto nivel.

** *Schutzstaffel*, escalón o nivel de protección, un organismo creado en 1925 que
integra a la *Stabswache* (Cuerpo de la Guardia) y la *Stoßtruppe* Hitler (tropas de choque de
Hitler). Tenía el carácter de unidad de elite del Partido nazi NSDAP.

alemanes que, poco antes de finalizar la guerra, transportaron lingotes de oro hasta Argentina. De hecho esto es poco probable, no sólo por la distancia geográfica, sino por el peligro que implicaba el dominio de Inglaterra sobre las rutas marítimas. Es cierto que, poco después de finalizada la guerra, los submarinos alemanes U-530 y U-977 se rindieron a las autoridades en Mar del Plata. Pero se presume que fueron intentos individuales de fuga y no una transacción financiera coordinada.

Vale recordar también que a partir de 1942 se dificultaron los giros del exterior a las cuentas argentinas, el Banco Central exigió declaraciones juradas sobre la finalidad de las transacciones: realizar una transferencia encubierta habría requerido demasiadas complicidades.

Por lo tanto, sólo fue posible ocultar el dinero que ya se encontraba en Sudamérica, pero no el que aún debía ser transportado. Antes del fin de la guerra, la filial argentina del Deutsche Bank, el Banco Alemán Transatlántico, recibió la orden de transferir el saldo de su cuenta en pesos en Buenos Aires a la "Cía. Argentina de Mandatos S.A.". Los nazis residentes desde hacía años en Argentina –organizados en la "Gau Ausland" (Comarca Extranjera)– procuraron evitar la confiscación de sus propiedades transfiriendo las mismas a testaferros. Pero según la documentación obtenida hasta ahora, fueron sólo unas pocas transacciones y la mayor parte de ellas fallidas. Algunas fueron confiscadas por el gobierno argentino, a pesar del intento de "lavado", otras fueron reconocidas legalmente como propiedades de los "hombres de paja".[11]

Tampoco funcionó eficazmente la transformación de las filiales argentinas en empresas independientes. Como la empresa Thyssen que durante la guerra creó quince empresas ficticias, entre ellas Crefin AG, Tungar, etcétera, y Siemens que transfirió sus acciones a dos *holdings* suizos.

Argentina era considerada políticamente inestable. La dictadura militar de los años cuarenta que gobernaba el país simpatizaba con los alemanes, pero el hombre fuerte, Juan Domingo Perón, no inspiraba todavía a los alemanes ninguna confianza.

En 1943, Perón fue nombrado ministro de Trabajo por la Junta Militar. Con sus decretos que favorecían a los trabajadores, conquistó el corazón de los pobres. Su mujer Evita intercedió a favor de los "descamisados". Gracias a su origen humilde y sus discursos revoltosos fue idolatrada por el pueblo y despreciada por la oligarquía. En 1945, Perón fue destituido. Evita convocó a la resistencia, las protestas paralizaron Buenos Aires y culminaron forzando la restitución del Ministro. Un año más tarde, Juan Domingo Perón fue electo Presidente por una importante mayoría y a partir de ese momento la situación política interna se estabilizó. Pero mucha agua había de correr todavía por el Río de la Plata, antes de que los capitales de "turbia procedencia" fueran invertidos y los nazis hospedados en el país.

¿Perón era un corrupto? Lo veremos más adelante. Pero hay un hecho: la Junta Nacional de Recuperación Patrimonial, organizada por los golpistas militares en 1955, creó varias comisiones investigadoras para esclarecer el origen de las fortunas acumuladas durante el gobierno de Perón, la más famosa y la más activa fue la "Comisión 11", llamada también "Comisión Jorge Antonio". Investigó durante años el imperio de Jorge Antonio y secuestró toda la documentación de sus sesenta empresas. A pesar de los esfuerzos realizados no pudo presentar pruebas de que Perón fuera un corrupto. Lo percibido por el Palacio Presidencial en su nombre fue destinado al aparato peronista, a la Fundación Eva Perón, a las Obras Sociales, etcétera. En la documentación interna de Daimler-Benz en Alemania, los directores mencionan la corrupción de los políticos alemanes sin hacer ninguna referencia a Perón. Probablemente, Antonio le entregó la mitad de los diez millones de marcos que le pagaron los alemanes por su paquete accionario. Dinero que habría financiado su exilio en España. No es que haya pasado miseria, pero tampoco llevó una vida ostentosa. ¿Cuál será la versión que en definitiva adopten los argentinos?

Notas

[1] Informe del gobierno de EE.UU.: *US and allied effort to recover and restore gold and other assets stolen or hidden by Germany during World War II,* Stuart Eizenstat, Mayo 1997.

[2] Diario *Río Negro*, General Roca, 12 de enero de 2000.

[3] En el informe Eizenstat, op. cit. se estima la mejora del dólar estadounidense, en el período de 1945 a 1997, de un 1 a 10.

[4] Sentencia de la primera instancia, exp. 7343, del 20 de diciembre 1957, p. 698. Juez Enrique Raúl Burzio.

[5] Según el documento del 29 de octubre 1953, "la residencia presidencial solicita por especial encargo del Excmo. Sr. Presidente de la Nación, general Juan Perón y cumpliendo la voluntad de EVITA, la adjudicación de una unidad Mercedes-Benz, tipo 170 a favor del doctor Manuel Antonio Fresco". Archivo General de la Nación, Comisión 11 (AGN, CO).

[6] La entrevista tuvo lugar el 19 de enero de 2004 en Punta del Este, Uruguay.

[7] Declaración de Jorge Antonio ante la Comisión 11.

[8] Así lo expresa la sentencia de diciembre de 1957.

[9] Memorando interno de Daimler del 23 de enero de 1956, según el cual, el *Gentlemen-Agreement* tuvo lugar el 19 de agosto del 1950 en Stuttgart. Archivo DaimlerChrysler, Stuttgart-Untertürkheim, existencias Könecke.

[10] Sentencia del 20 de diciembre del 1957, p.138.

[11] Así pasó en el caso Harnisch. Juan Harnisch quería después de la guerra la entrega de la chacra "Elvira", que fue comprada con el dinero de los servicios de espionaje alemán y después de la guerra secuestrada por presiones de la embajada de los EE.UU. En un memorando confidencial de la DINIE del 15 de marzo del 1949 dice: "Harnisch era amigo del agregado en la Marina de la embajada alemana, capitán Dietrich Niebuhr, y por pedido de él se prestó a ofrecerle servicio de adquirir emisoras en todo el país para conectarse con el Reich". Harnisch se fue en 1941 a Alemania, donde altos miembros del gobierno alemán le otorgaban tareas en la operación financiera. Temiendo que su ciudadanía pudiera despertar sospechas, Harnisch se dirigía a su amigo Ángel Garrido, para adquirir la chacra Elvira, donde estaban instaladas las maquinarias técnicas de emisión, en su nombre". El hecho de que Garrido era un puro prestanombre, no fue cuestionado por el tribunal. Él mismo admitió en su declaración que adquirió "Elvira" en diciembre 1942 por 27.000 Pesos. La chacra fue intervenida como propiedad enemiga, Harnisch expulsado y en mayo del 1947 se entregó la chacra al prestanombre. Seis años después, Otilia Harnisch inicia un juicio por la entrega de la chacra. No le faltan pruebas, podría presentar la declaración anterior del prestanombre, en la cual prometió entregar en cualquier momento la chacra a los alemanes. Recién en noviembre del 1964 llega una sentencia definitiva. Para los jueces, Harnisch no era el verdadero propietario sino solamente prestanombre de los servicios secretos nazi. "Elvira" fue entregado a la argentina quien figuraba en el registro. El prestanombre venció, los alemanes perdieron.

Capítulo 2

Año 1943, se perdió la guerra

La empresa multinacional con sede en Stuttgart-Untertürkheim que es mundialmente conocida por la fabricación de automóviles de la marca Mercedes-Benz se llama hoy en día DaimlerChrysler Sociedad Anónima. Pero su verdadera fuente de riqueza y su poderío no fueron los coches sino la construcción de maquinaria bélica. Actualmente, con casi 400.000 empleados, es el mayor complejo industrial europeo y el tercero en el rubro militar.[1]

Sus orígenes se remontan al siglo XIX, al año 1890;[2] las entonces empresas rivales Benz y Daimler-Motoren tienen su primer momento dorado durante la Primera Guerra Mundial, cuando ambas multiplican por seis su producción. Finalizada la contienda, comienza –sobre todo en los Estados Unidos– la fabricación en serie de automóviles baratos de menor calidad. Es la "era Ford".

Benz y Daimler, en cambio, rechazan la chapucería. Es una decisión riesgosa, ya que dado el escaso poder adquisitivo de la población alemana no logran colocar sus costosos productos en el mercado. Además, el Tratado de Versalles (1919) prohíbe el rearme de Alemania –sólo permite un pequeño ejército de cien mil hombres– y el desarrollo de la industria de armamento. Esto fue absolutamente inaceptable no sólo por los militares sino, sobre todo, por las grandes empresas.

En 1926, Daimler y Benz se fusionan para evitar la bancarrota y conservar su capacidad productiva. La crisis mundial de 1929 deteriora transitoriamente la situación económica de la empresa. Desde el Este amenaza la Unión Soviética, mientras que el Partido Comunista alemán reclama estatizar los medios de producción. Aún antes de que los nazis lleguen al poder, Daimler-Benz S.A. apoya al nacionalsocialismo.

Sus expectativas son ampliamente satisfechas: Adolf Hitler declara nulo el Tratado de Versalles y despeja el camino para la industria armamentista. A partir de entonces las ganancias de Daimler-Benz trepan rápidamente. En los cuarteles generales de Untertürkheim ya prevén una futura actividad altamente lucrativa.

Efectivamente, la Segunda Guerra Mundial demandará una producción masiva de armas; al iniciarse la misma, las Fuerzas Armadas alemanas (Wehrmacht) avanzan hacia el Este y en los territorios ocupados las fábricas quedarán subordinadas a la industria alemana. En esas fábricas "incorporadas", Daimler-Benz y otros emprendimientos industriales orientan la producción hacia la "victoria final". En los últimos años de la guerra, la mitad de la mano de obra de Daimler-Benz está constituida por polacos y judíos sometidos a trabajos forzados.

El revés alemán en la batalla de Stalingrado, a principios de 1943, cambia el rumbo del conflicto. Los líderes de la industria perciben que el triunfo ya no es posible. Pronóstico que a un soldado raso le costaría la vida, colgado de un farol, por "desmoralización de la tropa". Pero los "señores jerarcas" abandonan el barco antes del naufragio. Hasta ahora les ha reportado enormes ganancias, pero llega el momento de resguardarse antes de la derrota, almacenando reservas de diversa índole.

La dirigencia política insiste todavía con consignas de resistencia, exigiendo la inversión en la economía de todos los recursos financieros disponibles para la "victoria final". Pero la cúpula del nacionalsocialismo comienza a considerar cada vez más una posible capitulación. Dado que el proyecto nazi está concebido para mil años, esta derrota es considerada un episodio pasajero. En la planificación de su retorno al poder, estima que luego de la rendición afrontará sensibles riesgos. Son lecciones que enseña la historia del país perdedor.

Como siempre ha sucedido en Europa después de una guerra, los vencedores desmembrarán territorios del Reich y desmontarán sus instalaciones industriales. Se apropiarán de patentes y de planos de construcción, reteniendo quizás algunos técnicos e ingenieros. Embolsarán todos los recursos financieros y gravarán con deudas astronómicas, por concepto de reparaciones, al gobierno sucesor de Hitler. Estas deudas impedirán durante décadas cualquier intento de reconstrucción nacional. No será posible acceder a créditos internacionales y el escaso capital disponible será destinado a indemnizar a las víctimas.

A esto hay que sumarle que serán llevados ante la ley no sólo los criminales de guerra, sino también los empresarios que sacaron provecho de las incursiones de los nazis. Dado este escenario, la industria alemana de posguerra no podrá competir en el mercado mundial con la estructura de exportación de las potencias vencedoras.

Al igual que luego de la Primera Guerra Mundial, los soldados y los trabajadores alemanes, exhaustos tras los esfuerzos del combate, se alzarán masivamente y exigirán el fin del sistema capitalista.[3]

En septiembre de 1943 es presentado en la Cancillería del Reich un estudio titulado: "Reflexiones políticas para el caso de que Alemania no pueda continuar esta guerra". Entre sus párrafos más significativos, vale consignar el siguiente:

> En el caso de que Alemania pierda esta guerra, es muy probable que no haya una pacificación benigna, al viejo estilo. Por el contrario, prevalecerá la amenaza de una subordinación total, tanto de Alemania como del resto de Europa, a la dominación americana y rusa. Por lo tanto, la tarea de la política alemana es prevenir los peligros que se avecinan y encontrar la forma de eludirlos. Una vez desatada la catástrofe, ya será demasiado tarde.[4]

Casi simultáneamente, comienza a regir el "Decreto sobre la Concentración de la Economía de Guerra", que esboza el "Programa del Ordenamiento Nuevo", con el cual los futuros perdedores pretenden poner a salvo todo lo que pueda salvarse. Ludwig Erhard, quien desde 1943 presta servicios en el Reichsgruppe Industrie (Grupo Industrial del Reich),[5] será el ejecutor del "Programa del Ordenamiento Nuevo" y el mayor "lavador" de dinero en la República Federal. En marzo de 1944, Erhard publica un estudio titulado "Financiación de la guerra y consolidación de deudas" –un plan perspicaz para evitar que el nacionalsocialismo y los beneficiarios civiles de la guerra deban rendir cuentas sobre la economía.

Tres meses más tarde, en su "Programa para el procesamiento de los problemas económicos de posguerra desde el punto de vista de la Industria", Erhard describe cómo reorganizar la economía de guerra para tiempos de paz. Será preciso dar empleo a los soldados que regresen del frente para impedir un ejército de desocupados y se hará necesaria una gigantesca inversión para la importación de alimentos. Pero los "mercados financieros internacionales" recién empiezan a desarrollarse, el capital es escaso. ¿Y quién le otorgará un crédito precisamente a los perdedores? Según Erhard la única posibilidad es lanzar una ofensiva exportadora. Y para ello se precisan abundantes recursos financieros, que han de ser salvaguardados a tiempo, antes de la intervención de las potencias vencedoras.

Pero ¿qué moneda atesorar? El marco del Reich no sobrevivirá a la capitulación. El oro parece lo más seguro, o el franco suizo y el dólar americano que se supone predominen al fin de la Segunda Guerra Mundial. Son las únicas monedas que no están sometidas al control de divisas y son de libre comercialización mundial.

Aunque la fortuna nazi es "lavada" también en países como EE.UU., Brasil, España y Portugal[6], la mayor parte pasa por Suiza. El Ministerio de Finanzas de EE.UU. estima que la fuga de capitales del nacionalsocialismo asciende a tres mil millones de dólares americanos, sin especificar quién evadió qué parte del capital ni tampoco en qué momento lo hizo.

Por lo menos, dos grupos deben considerarse claramente separados: los actores económicos y el Partido nazi. Las empresas canalizan las ganancias acumuladas de los robos y del trabajo forzado hacia "Puertos Seguros"; más adelante podrán declarar que la contabilidad se perdió durante la guerra.

Paralelamente, el Partido Obrero Alemán Nacionalsocialista (NSDAP) y sus unidades subalternas sacan del país recursos financieros, a veces coordinadamente y a veces en forma individual y caótica.

En junio de 1944, los Aliados desembarcan en Normandía y en agosto, una insurrección sella la pérdida de Eslovaquia como territorio de producción alemán. Al NSDAP le urge entonces desarrollar planes concretos para ocultar los fondos destinados a financiar el exilio y la posterior reconstrucción del Partido.

Estas informaciones llegan a los norteamericanos de a poco y desde varios organismos. Sus embajadas en los países neutrales les envían datos sobre transferencias de capitales de origen alemán. La OSS, el servicio secreto antecesor de la CIA, analizó profundamente los años posteriores a la Primera Guerra Mundial y los planes que tenían los nazis de pasar a la clandestinidad tras una derrota militar.[7] La OSS estaba convencida de que ya en 1944 se preparaban para la Tercera Guerra con el fin de lograr el dominio mundial. Ese mismo año, los países Aliados crean la "Operation Safehaven"

(Operación Puerto Seguro) con el objeto de averiguar dónde están escondiendo los nazis las fortunas robadas. En el centro de interés de los aliados está Suiza. Interceptan cartas y comunicaciones y observan reuniones sospechosas. El plan nazi, según la inteligencia militar,[8] incluye –como después de la Primera Guerra Mundial– el apoyo de los industriales alemanes. Un "deseo" de las nazis, no un futuro seguro:

> Es un <u>deseo</u> [sic] que actividades económicas alemanas se vuelcan hacia el exterior y es un <u>deseo</u> [sic] de los Nazis que el partido reciba fondos de ese lado en el futuro. [El plan] dependerá sobre todo de la fortuna y del prestigio de los nazis en los días que están por venir. Es un factor altamente especulativo.

La palabra "deseo" está subrayada en el original. Como se verá mas adelante, el "deseo" de los nazis –que los industriales financien la futura reconstrucción del Partido Nacional Socialista– no se realizará. El capital dejará caer a los perdedores de la guerra y hará espléndidos negocios con los ganadores. Como no tiene moral, tampoco cumple promesas.

Pero en el año 1944, los nazis todavía esperaban el apoyo y el agradecimiento de los industriales. ¿No han hecho, gracias a la explotación de los trabajadores esclavos y el robo indiscriminado en los países ocupados, ganancias astronómicas?

Se convoca para el 10 de agosto a una conferencia secreta que se llevará a cabo en el hotel de lujo Maison Rouge en Estrasburgo. Un agente del Deuxième Bureau (Oficina de Contrainteligencia Francesa), informa a los Aliados –al Supreme Headquarter Allied Expeditionary Force (Cuartel Supremo de las Fuerzas Militares de los Aliados)– sobre el contenido de esta conferencia.[9] Para los historiadores, la existencia de este encuentro no es ninguna novedad.[10] Pero recién en el año 2003, durante la investigación que dio origen a este libro, me fue entregada una copia de su protocolo por el Archivo Nacional de EE.UU.

El tema de la conferencia de Estrasburgo, presidida por el director de la empresa Hescho, Dr. Friedrich Scheid,[11] reza: "Planes de los industriales alemanes para actividades clandestinas luego de la derrota alemana, la fuga de capitales a países neutrales". Scheid, quien también dirige la firma Kahla estrechamente vinculada con el Deutsche Bank, era jefe de la Amtsgruppe

Industrielle Selbstverantwortung (Grupo para la Responsabilidad Industrial) en el Ministerio del Reich de Armamento y Producción de Guerra.

La Industria envía a sus representantes.[12] En esta reunión, realizada pocas semanas después del desembarco de los Aliados en Normandía, el *Wehrwirtschaftsführer* (Conductor de la Economía Militar) Scheid revela lo que ya todos saben: no se puede ganar la guerra. Hay que dar a Francia por perdida: todo lo que no esté allí clavado y remachado al piso debe ser evacuado y ocultado en Alemania. Según consta en el protocolo, los bancos Basler Handelsbank y Schweizerische Kreditanstalt en Zurich colaboran en el "lavado" del dinero. Por una comisión del cinco por ciento dichos bancos intermedian para la compra de bienes inmuebles en Suiza. Un fragmento de las actas de la conferencia en Estrasburgo explica cómo debe ser la operatoria:

> Hay que establecer alianzas con empresas extranjeras, pero cada firma por su cuenta para no despertar sospechas. [...] Deben crearse las condiciones para obtener, después de la guerra, grandes sumas en créditos del exterior. [...] Los industriales tienen que prepararse para levantar, después de la derrota, la nueva potencia alemana mediante una ofensiva exportadora. Además tendrán que financiar al Partido nazi, que pasará a la clandestinidad. Por lo tanto a partir de ahora, el gobierno de Hitler pondrá grandes sumas a disposición de la Industria, para poder contar después de la guerra con una sólida base en el extranjero. Los recursos financieros ya disponibles en el exterior serán transferidos al NSDAP y éste procurará que tras la derrota renazca un fuerte Reich alemán. En cuanto el Partido retome el control sobre Alemania, los industriales serán recompensados por su esfuerzo y cooperación, con concesiones y contratos estatales.

El NSDAP prevé que, tras la derrota alemana, los dirigentes más notorios serán condenados como criminales de guerra. Planifica, junto con los empresarios, la colocación en empresas alemanas de los principales jefes menos conocidos, como "técnicos expertos" o "integrantes del departamento de investigación".

SUPREME HEADQUARTERS
ALLIED EXPEDITIONARY FORCE
Office of Assistant Chief of Staff, G-2

b.

7 November 1944

INTELLIGENCE REPORT NO. EN-Pa 188

SUBJECT: Plans of German industrialists to engage in
underground activity after Germany's defeat;
flow of capital to neutral countries.

SOURCE: Agent of French Deuxieme Bureau, recommended by
Commandant Zindel. This agent is regarded as
reliable and has worked for the French on German
problems since 1916. He was in close contact
with the Germans, particularly industrialists,
during the occupation of France and he visited
Germany as late as August, 1944

1. A mee___ of the prin___ ___tal o___
with in___e___ ___ur ___se was ___weizerische ___lists
the He___ ___witzerl___ ___ere are a number of ___n
b___ ___ buy proper___ in Switzerland, using a Swiss

8.   After the defeat of Germany the Nazi Party
recognizes that certain of its best known leaders will
be condemned as war criminals. However, in cooperation
with the industrialists it is arranging to place its less
conspicuous but most important members in positions with
various German factories as technical experts or members
of its research and designing offices.

For the A.C. of S., G-2.

WALTER K. SCHWINN

G-2, Economic Section

Prepared by.

MELVIN M. FAGEN

Distribution:

Same as EN-Pa 1.
U.S. Political Adviser, SHAEF
British Political Adviser, SHAEF

Conferencia de Estrasburgo.

El NSDAP busca un compromiso con los actores económicos. Sólo con ellos –y seguramente no sin ellos– podrá transportar y salvaguardar el patrimonio en países neutrales. Además, el Partido dispone, desde hace tiempo, de informes confidenciales sobre la distracción de recursos que efectúan los grandes emprendimientos industriales, acumulando reservas para los tiempos de posguerra. En un principio estos preparativos fueron considerados una traición, pero al percatarse de que eran realmente la única opción, el Partido decidió subirse a ese tren en marcha.

En mayo de 1945 la guerra llega a su fin. Muchos nazis pasan a la clandestinidad y "acechan emboscados" (maquis), como expresa el protocolo sobre la conferencia secreta. Creen que la espera será sólo de un par de años. Calculan que en poco tiempo los Aliados se retirarán de Alemania dejando libre el camino para ellos, para el Partido. Pero yerran en su cálculo.

Sobre fines de los años cuarenta, la situación es relativamente tranquila. Sólo los nazis más notorios son sometidos a la Justicia: ministros, comandantes de los campos de concentración y responsables del aparato represivo.

Salvo pocas excepciones, todos los gestores económicos de Hitler y los de la industria armamentista son "desnazificados" (*"entnazifiziert"*) –es decir, blanqueados, sobreseídos de la sospecha de ser criminales de guerra o seguidores importantes de Adolf Hitler–. Los cuadros medios, los militantes de base y los simpatizantes del Partido no sufren persecución ni castigo. El enemigo está en el Este, la Guerra Fría se aproxima y entonces los "viejos camaradas" serán necesarios.

La Operation Safehaven trabajaría tan sólo dos años[13] durante los cuales se pudieron interceptar cartas y comunicaciones e interrogar a los directores de las empresas alemanas sobre sus inversiones en el exterior. En el correr de dicha investigación, la embajada norteamericana en Berna escribió el 21 de agosto de 1945 un *Safehaven Report* con el título "Inversiones de Daimler-Benz Motoren GmbH (S.R.L.) en Suiza".[14] Según el informe, Daimler-Benz tiene una cuenta a su disposición para comprar máquinas a la firma Ernst Schäublin A.G., Oberdorf. Citaron al señor Schäublin al consulado de los EE.UU. quien negó cualquier vinculación con la empresa Daimler-Benz. Los norteamericanos querían avanzar con la investigación pero apareció un "dossier de un colega británico diciendo que Mister Schäublin y su empresa gozan de la confianza de los representantes británicos en Suiza". Después de este informe, se abandona la investigación a Daimler-Benz por sus inversio-

SECRET

SEP 4 1945

Bern, Switzerland

No.12365

Reference: SH No. 110
Date: August 21, 1945

SAFEHAVEN REPORT

FOR YOUR RETENTION
DUPLICATE OF MATERIAL
FILED IN CID

Subject: Assets of Daimler-Benz
Motoren G.m.b.H. in
Switzerland.

14346

Reference is made to the London Embassy's SAFE-HAVEN Report No. 163 of June 14, 1945, on the above subject. That report indicated that Daimler-Benz, as of March 22, 1945, proposed to use a credit account which it had at its disposal in Switzerland to purchase tools from the firm Ernst Schäublin A.G., Oberdorf.

The American Consul General at Basel, under date of August 6, reports that:

Mr. Ernst Schäublin has been interviewed at the Consulate, but denies having ever had any transactions or correspondence, either directly or indirectly, with Daimler-Benz Motoren G.m.b.H. or its representatives. He offered to present for the Consulate's examination his invoice records in order to prove that there have been no deliveries to this German firm.

"An examination of the dossier of my British colleague shows that Mr. Schäublin and his firm appear to enjoy the confidence of the British representatives in Switzerland."

This Legation respectfully suggests that the location of Daimler-Benz' credit account in Switzerland and evidence of any transactions with Ernst Schäublin A.G. may, under the present circumstances, most expeditiously be determined by the G-2 Economic Section Field Team now apparently reviewing other files in Germany.

850.3/711.2
DJR/HC/eb

Original and hectograph to the Department
Two copies to American Embassy, London
One copy to Robert D. Murphy, United States Political
    Advisor on German Affairs
Two copies to British Legation, Bern.

Safehaven Report.

nes colocadas en Suiza. Un indicio más de que la empresa mantenía intereses comerciales comunes con Inglaterra –probablemente desde el viaje del director Haspel a Londres en julio del 1939–.

La Operation Safehaven muere silenciosamente en 1946. Las contradicciones entre los aliados ya son insuperables. La división de Alemania en dos partes, una dominada por la Unión Soviética y la otra dominada por los Estados Unidos, es inminente. Los industriales juegan, en ambos lados, un papel estratégico.

En 1949 se funda la República Federal, pero esto no significa vía libre para el regreso que tanto ansían los nazis escondidos en Alemania, Suiza y el norte de Italia. Por cierto, al gobierno de Konrad Adenauer no le interesa perseguir penalmente a los nazis y miembros del NSDAP son ubicados en los servicios secretos. Pero deben transformarse en "demócratas" y referirse, por ejemplo, a la "economía social de mercado". EE.UU. conserva su autoridad en el joven estado. El NSDAP continúa prohibido y los nazis rabiosos son un estorbo en el proceso de la Reconstrucción. En Bonn, la capital, se los considera motivo de conflicto. Deben irse.

A partir de 1950, los nazis se embarcan en Génova con rumbo a Argentina, dando origen a la *"Rattenlinie"*, la "Ruta de las Ratas".

Notas

[1] Desde 1945, Daimler-Benz hizo sus ganancias sobre todo con la venta del auto Mercedes-Benz. Hasta mediados de los años ochenta, ocupaba el 17° lugar como productor de armas. Hacia fines de la década se transformó en el mayor productor de armas alemán. Pero, comparado con la venta total del consorcio, las ventas de armamento se aproximan solamente al seis por ciento del total. Ese porcentaje disminuyó nuevamente luego de la fusión con Chrysler. Las actividades armamentistas de DaimlerChrysler se integraron (exceptuando los vehículos de combate (*unimogs)* y los camiones para propósito militar) a la compañía EADS, donde DC tiene el 30 por ciento de las acciones. Con una venta total de armas por seis mil millones de Euros, DC/EADS es el tercer productor de armas en Europa (después de British Aerospace y de Thales) y ocupa el octavo lugar a nivel mundial. La venta de coches alcanza los 220 mil millones de Euros. Fuente de estas informaciones es el grupo de *Accionistas Críticos*.

[2] Las informaciones provienen del libro *Daimler-Benz-Buch*, de Karl Heinz Roth. Una publicación de la Fundación de Hamburgo de *Historia Social del Siglo XX (Hamburger Stiftung für Sozialgeschichte des 20.* Jahrhunderts), Hamburgo 1988.

[3] Ralph Giordano: *Wenn Hitler den Krieg gewonnen hätte*, Colonia, 2002, p. 324 y s.

[4] Ibíd. p. 321.

[5] Sobre Erhard: Karl-Heinz Roth: *Das Ende eines Mythos. Ludwig Erhard und der Übergang der deutschen Wirtschaft von der Annexions- zur Nachkriegsplanung (1939 bis 1945).* 1ª parte: 1939 hasta 1943, en: 1999, año 10 (1995), cuaderno 4, pp. 53-93. Roth: *Das Ende eines Mythos. Ludwig Erhard und der Übergang der deutschen Wirtschaft von der Annexions- zur Nachkriegsplanung 1939-1945.* 2ª parte: 1943 hasta 1945, en: 1999, año 13 (1998), cuaderno 1, pág. 92-123, Roth: *Replik zu Horst Friedrich Wünsche, Ludwig Erhard und die Grundlegung der Sozialen Marktwirtschaft* 1943/44, en: 1999, año 14 (1999), cuaderno 1, pág. 207-208. Sobre Erhard y IG Farben véase: "Koordination gegen Bayer-Gefahren", www.CBGnetwork.de.

[6] En diciembre de 1944, los representantes de la I. G. Farben entablan negociaciones en Lisboa con los representantes de los consorcios de industria química estadounidenses Standard Oil y Du Pont. Cita Giordano, misma fuente e IG Farben, ver: "Koordination gegen Bayer-Gefahren", www.CBGnetwork.de.

[7] Office of Strategic Services Research and Analysis Branch, Secret: Nazi Plans to go underground. NARA RG 319, 270/10/17/05. Box 492, Report 1934.

[8] Project 1646, Completed 24 Feb 45 and delivered to Colonel Gibson. Memorandum for supervisor of Research. RG 319, 270/9/22. Box 2854, Records of the Army Staff, Intelligence Administration Division. NARA.

[9] El protocolo es un *Intelligence Report* (Informe del Servicio de Inteligencia) del Supreme Headquarters, Allied Expeditionary Force (Cuartel Supremo de las Fuerzas Militares de los Aliados), Office of Assistent Chief of Staff, G-2, tiene fecha del 7 de noviembre de 1944. Hay diferentes opiniones sobre este informe de la conferencia de Estrasburgo. Karl Heinz Roth cree que la coordinación de la planificación de posguerra estaba en manos del *Reichsgruppe Industrie* (Ludwig Erhard), (Karl Heinz Roth: *Wirtschaftliche Vorbereitungen auf das Kriegsende und Nachkriegsplanungen,* en: Dietrich Eichholtz, Geschichte der deutschen Kriegswirtschaft 1939-1945, T III: 1944-1945, Berlín 1996, cap. VI, pp. 509-611, aquí: p. 565, comentario 189). El historiador suizo Mario König piensa que los autores de la teoría del "Maison-Rouge" son "historiadores marxistas" y no excluye la posibilidad de una falsificación (Christiane Uhlig y otros: *Tarnung, Transfer, Transit. Die Schweiz als verdeckte Drehscheibe deutscher Operationen 1938-52,* Publicación de UEK, Zurich, 2001, pp. 109 y ss. König quiere ahora, después de la publicación del presente libro, examinar otra vez la situación. Autores de EE.UU. y de la Ex-RDA, siempre han puesto mucho énfasis en esta conferencia (Tagebuchaufzeichnungen von General David Eisenhower: *At war 1943-1945*, Nueva York 1986, p. 523; Henry Morgenthau: *Germany is our problem,* Nueva York y Londres 1945; *Der zweite Weltkrieg.* Dokumente. Ausgewählt und eingeleitet von Gerhard Förster und Olaf Groehler, Berlín 1972, pp. 283-286. Las fuentes: Elimination of German Resources for War. Hearings before a Subcommittee of the Committee on Military Affairs United States Senate, Seventy-Ninth Congress, First Session, Pursuant to S. Res.107, Parte II, Testimony of State Department, June 25, 1945, Washington 1945, pp. 30-32). Está claro que en el protocolo de la conferencia, y sobre todo en la literatura sobre la conferencia, se escribieron mal los nombres. El que invita –Dr. Scheid– muchas veces es nombrado como "Dr. Scheidt de Thyssen". No se han encontrado pruebas sobre su pertenencia a la SS.

[10] El documento fue desclasificado (*declassified*) recién en el año 2000, y entregado al *World Jewish Congress* (noticia de la agencia Reuter del 14 de Septiembre de 2000: "Nazis plotted the big come back"). Intenté obtener una copia en los registros del *World Jewish Congress* pero me fue negada. Finalmente el documento me fue entregado por el Archivo Nacional de EE.UU., National Archives and Records Administration (NARA).

[11] Según las informaciones del historiador berlinés Dr. Janis Schmelzer, se trata del Dr. Scheid, jefe de la empresa (*Betriebsführer*) y dirigente de la economía de guerra (*Wehrwirtschaftsführer*). Dr. Ing. e.h. Friedrich Scheid (25.10.1887-30.06.1949), director de los Keramische Werke Hescho (Talleres de Cerámica Hescho) en Hermsdorf/Thüringen, durante la Segunda Guerra Mundial. Hescho fue un proveedor de la industria armamentista en el área de la técnica de alta frecuencia. Scheid ocupó un alto cargo en el Ministerio del Reich de Armamento y Producción de Guerra. Fue arrestado cuando la entrada del Ejército Rojo a Hermsdorf. Poco después de su liberación, en diciembre de 1945, fue nombrado por la Dirección General soviética como director alemán. La empresa Hescho se transformó luego en VEB (Volkseigener Betrieb = Establecimiento de Propiedad del Pueblo) Keramische Werke Hermsdorf (RDA).

[12] Según el *Intelligence Report* (escritura fiel al original), los participantes fueron: Dr. Scheid por Hescho; Dr. Kaspar por Krupp; Dr. Tolle por Rochling; Dr. Zinderen por Messerschmitt; los Drs. Kopp, Vier y Baerwanger por Rheinmetall; el señor Haberkorn y el Dr. Ruhs por Bussing; los Drs. Kerdes y Ellenmayer por Volkswagen; el Ing. Dross y los señores Yanshov y Koppabam por distintas fábricas en Posen, Polonia (Dross, Yanchow and Co., Brown-Boveri, Herkuleswerke, Buschwerke y Stadtwerke); Dornbusch como director de inspección industrial en Posen; Dr. Meyer del Ministerio Alemán de la Marina en París y Dr. Strossner del Ministerio de Armas en París.

[13] Sobre esta Operación, el historiador holandés Gerard Aalders publicará un libro en 2006.

[14] Reference SH N° 110 y N° 850.3/711.2, dirigido al Departamento de Estado en Washington D.C., NARA RG 226. Loc: 190/09/22/2, Safehaven Entry 183, Box 09, Folder 45.

Capítulo 3

Un *Gentlemen-Agreement*: máquinas y nazis

Desde mucho antes del fin de la guerra, al igual que en otros directorios de la industria, tampoco en Untertürkheim, sede de la Daimler-Benz, cuentan con una victoria alemana. En abril de 1944, la dirección de Daimler-Benz crea un "Estado Mayor" (*"Führungsstab"*) con algunos ejecutivos que antes habían sido discriminados por razones de "política racial". Ellos deben sostener a la empresa durante las turbulencias de posguerra y proporcionar la imagen de una inofensiva fábrica de automóviles.[1]

Es preciso poner a salvo la maquinaria más importante, las patentes, los planos de construcción y los técnicos capacitados para aplicarlos. Pero naturalmente, en primer lugar, el capital. La historia oficial de la empresa menciona estas "reservas", pero no detalla ni cómo y ni dónde se ocultarán las máquinas y el capital para que no caigan en manos de los futuros vencedores. Los tiempos por venir implican cambios de hábitos, tal como lo demuestra Wilfried Feldenkirchen en su libro: *Vom Guten das Beste, von Daimler und Benz zur DaimlerChrysler AG*[2] (*De lo bueno lo mejor: de Daimler y Benz hasta la DaimlerChrysler S.A.*):

> A mediados de agosto de 1944, cuando la situación militar carecía de perspectivas, la Dirección de la empresa dispuso suspender las inversiones. En los últimos meses de la guerra, se procuró mantener la liquidez del capital, limitar los gastos a lo estrictamente necesario y hacer reservas para la reconstrucción sin demora, una vez terminada la guerra.[3]

El traslado de las máquinas, de los sistemas de información y de los acopios a sitios más seguros, ha comenzado ya en el segundo semestre de 1943. En la zona de Stuttgart sólo permanecen las fundiciones, las forjas y las prensas.[4] Es preciso mantener la producción a toda costa. Sería muy poco probable la reapertura luego de la capitulación de esta infamada fábrica de armamentos si estuviera fuera de servicio. En cambio un taller, golpeado pero funcionando, puede ponerse al servicio de los Aliados.

Aparentemente la empresa mantuvo contactos con el gobierno de Inglaterra y de EE.UU. antes del fin de la guerra. Documentos históricos que encontré en los archivos norteamericanos indican que Daimler-Benz apostó a ambos frentes. Mientras millones de soldados alemanes, franceses, norteamericanos y soviéticos eran enviados a morir en los campos de batalla, el capital se aseguró que sus ganancias no sean interrumpidas por la victoria del otro lado. En julio del 1939, Wilhelm Haspel –capo máximo de Daimler-Benz desde 1942 hasta su muerte, al inicio de los años cincuenta– viajó a Londres, pocos días antes de que Inglaterra entrara en la guerra. Es decir, que preparó a su empresa para enfrentar los acontecimientos que sabía que se producirían.[5] Hasta hoy en día, no se sabe nada de estos acuerdos logrados por Haspel.

¿La Dirección habrá conseguido acordar de antemano con los futuros vencedores del otro lado del Atlántico? El Consorcio en Stuttgart guarda silencio al respecto. ¿O era para evitar el bombardeo de los Aliados y asegurar la permanencia de la fábrica?

Los hechos: al finalizar la guerra, Daimler-Benz no está precisamente en ruinas. Según la historia oficial de la empresa, fue destruido solamente el veinte por ciento de las máquinas. Es cierto que los ataques aéreos de noviembre de 1943 y septiembre de 1944 ocasionaron severos daños materiales. Pero tras este último bombardeo, en Untertürkheim se encuentra solamente el cinco por ciento del inventario, debido al traslado de las instalaciones industriales. Trabajadores forzados y prisioneros de los campos de concentración han excavado galerías subterráneas para proteger herramientas y técnicos y conservar la capacidad productiva.

Para el bombardeo de la fábrica en Stuttgart, la responsable era la Fuerza Aérea Inglesa (Royal Air Force, RAF). Según un informe del US Strategic Bombing Survey[6] todos los ataques ingleses hacia Daimler-Benz eran llevados adelante con gran cantidad de bombas, pero misteriosamente casi no

DAIMLER-BENZ A.G. (UNTERTURKHEIM)

I. SUMMARY

1. General

a. The Daimler-Benz, Unterturkheim works are located three miles east of the city of Stuttgart in the suburb of Unterturkheim. The major part of the works is on the northeast bank of the Neckar River.

b. The total ground area of the plant is one hundred fifty nine acres, extreme dimensions being 3,600 by 3,600 feet. The area is irregular in shape. Total floor space before attacks was 3,472,831 square feet, approximately the floor area of the Ford, Willow Run plant. Of this floor space about 42% was in multi-story buildings and 58% in one story buildings.

c. There were 15,700 employees in August 1944, 5,300 of which were foreign workers. Only 5% of the total labor force worked on the night shift.

d. Before the war the Unterturkheim plant produced annually around 25,000 automobiles, 1,000 to 2,500 trucks, 25 to 35 marine diesel engines. An additional function was the aircraft engine development section which amounted to less than 10% of the activity in pre-war years. During the war motor vehicle production gradually ceased, motor vehicle spare parts were manufactured in decreasing amounts, marine engine production was greatly increased, and the aircraft engine development section became the most important part of the works, utilizing 35% of the labor force. Production of aircraft engine assemblies and spare parts for same used 21% of the labor force in August 1944. These assemblies were new and high priority items. Production of marine engines engaged 24% of the labor force. Daimler-Benz was the sole producer of 2,500 H.P. marine engines for E-boats, flak motors, and several important aircraft engine assemblies.

2. History of Attacks

Table 1

Date	Air Force	Aiming Point	Bomb Tonnage H.E.	I.B.	Total	Approx. No. of H.E. hits
25/27Nov'43	RAF	Plant	256	243.1	499.1	38
20/21Feb'44	RAF	Stutt.	1206	1083.5	2289.5	15
1/2 Mar'44	RAF	Stutt.	1144.2	847	1991.2	10
5/ Sep'44	8th AF	Plant	350	141	491	225

1

Strategic Bombing Survey.

destruyen nada. Más bombas tiran, menos golpes dan. En Febrero 1944, la RAF arroja 2.289 toneladas de bombas hacia Daimler-Benz que destruyen 15 objetivos. Un mes después "prueban" otra vez con casi la misma cantidad de material de bombardeo y golpean apenas a diez objetos. Hasta que, el 5 de septiembre del 1944, la octava flota de la Fuerza Aérea estadounidense pierde la paciencia, arroja la cantidad modesta de 491 toneladas y destruye 225 objetos. Después de los "daños pequeños" –así lo dice el informe– de los ingleses, el ataque de septiembre es fatal para la empresa alemana y paraliza la producción por seis semanas. Es el último ataque.

Antes de la capitulación, el jefe de Daimler, Wilhelm Haspel transfiere bienes de Berlín a Stuttgart, por un valor de 250 millones de *Reichsmark* (el marco del Reich). La frontera suiza está a un paso. Los Aliados ya dan signos de que van a dividir el país en zonas.[7] Haspel tiene la esperanza de que en las zonas controladas por EE.UU. se posibilite el retorno de los valores escondidos.

Las potencias del Oeste lideradas por EE.UU. necesitarán a los alemanes como bastión contra la Unión Soviética. Un bastión que requerirá de enormes cantidades de dinero para la reconstrucción y el rearme. Y no debe olvidarse que la República Federal tendrá que pagar los créditos otorgados por el Plan Marshall*, incluidos los intereses.

La Ley de Control N° 5 del Consejo de Guerra Aliado, aprobada el 30 de octubre de 1945 por las cuatro potencias ocupantes (EE.UU., Inglaterra, Francia y la Unión Soviética), prevé la confiscación de todos los bienes alemanes en el exterior, aun en los países neutrales. El artículo XI penaliza el ocultamiento de estos valores. Se posterga la decisión sobre el destino de los fondos confiscados. Esta ley, sin embargo, no llega realmente a ser aplicada. El Consejo de Guerra se disuelve y apenas terminada la contienda anterior, comienza una nueva: la Guerra Fría.

Las potencias vencedoras ocupan las fábricas situadas en sus respectivas zonas de control. El Ejército Rojo encuentra prácticamente vacías la fábrica de Daimler en Genshagen y las instalaciones alternativas, construi-

---

* El Plan Marshall, instaurado en 1947, es el "European Recovery Program" (ERP) creado por el entonces ministro de Relaciones Exteriores estadounidense, George C. Marshall. Consiste en el otorgamiento de créditos y donaciones de alimentos para Europa después de la Segunda Guerra Mundial. Alemania recibe los fondos del "plan ERP" en forma de créditos con intereses. Entre 1948 y 1952 el gobierno de EE.UU. desembolsó 12,4 mil millones de dólares, de los cuales 1,5 mil millones fueron para Alemania.

das por los nazis para conservar la capacidad productiva durante la guerra. Los soviéticos incautan todo lo que sea trasladable y el resto lo hacen saltar por el aire. La fábrica de Gaggenau, incluyendo los talleres alternativos, queda en manos del gobierno militar francés. Éste, tal como lo habían hecho en su oportunidad los alemanes, confisca las máquinas y pretende desmontar los talleres. Haspel, el jefe de Daimler, reclama a los norteamericanos protección contra los franceses para que los trabajos en Untertürkheim no corran el riesgo de ser interrumpidos. Finalmente se llega a un acuerdo con la US-Army, un tal *"colonel"* Taylor recibe un nuevo eje trasero para su Mercedes de 2,3 litros[8] y la empresa se encarga del mantenimiento de los vehículos militares estadounidenses. Otros documentos confirman que el trato con las nuevas autoridades era cada vez más fructífero:

> El *major* Allison quería saber si nos podía encargar 400 automóviles. Haspel opinaba que un encargo así, del gobierno militar, sería muy bienvenido. Le hizo notar que teníamos grandes dificultades para recuperar las máquinas y los repuestos que se hallaban en la zona francesa. Últimamente los franceses están cobrando con máquinas. Es imperioso que intervenga el gobierno militar estadounidense. Esto es lo que nos fue prometido.[9]

Los norteamericanos no desmontan la maquinaria; están interesados en las patentes, los planos y las investigaciones secretas. Revisan los archivos de las empresas –los que logran encontrar– y se llevan calcos de modelos para fabricación de motores y diseños técnicos hallados en los talleres alternativos.

En Untertürkheim, los norteamericanos forman fila llamando a la puerta. El 28 de mayo, pocos días después de la rendición, Haspel es requerido por el *captain* Shulman de la Fuerza Aérea estadounidense, para hablar sobre la producción de motores de avión. Haspel alega que se perdió toda la documentación. Es posible que Karl Friedrich Binder, gerente del Hauptgruppe Triebwerke (Grupo principal para propulsores), aún conserve algún informe. Pero él ha desaparecido. Primero habría que encontrarlo. Si el ingeniero jefe Binder fue arrestado por los Aliados o si "desapareció" para salvaguardar secretos técnicos, no se aclara en las actas.

Al día siguiente de la visita del *captain* Shulman, un *"mister"* Kemper del Ejército de EE.UU. pretende informarse sobre un "soplador para ciclos

de uno y dos tiempos y sobre un sistema de inyección de combustible".
Tampoco tiene suerte: "Les dijimos que todos los señores directores encargados del desarrollo de motores de avión habían sido trasladados y no se encontraban presentes".

Los norteamericanos desgranan entonces una lista de nombres, pero Haspel niega con un gesto: no está, trasladado hace tiempo, se perdió contacto.

Otro día se acercan los señores de la Marina. Están interesados en el nuevo motor para lancha rápida, planos de construcción, materiales y mecanismos de medición. Esta vez sí se presentan los ingenieros encargados y contestan las preguntas. Las olas se han tranquilizado un poquito, las hostilidades terminaron, las conversaciones ya no son de policía versus delincuente, sino –casi– como entre iguales. Los huéspedes norteamericanos se exaltan al admirar el inapreciable trabajo acumulado por los alemanes: *"a beautiful"*, *"magnific piece of work"*.[10]

Al poco tiempo, el *captain* Shulman vuelve a hacer una visita. La Air Force quiere saber cómo vivió el personal de Daimler-Benz los ataques aéreos de los Aliados. Estas informaciones son luego incluidas en los manuales de la Fuerza Aérea de EE.UU. ¿Estaban los talleres subterráneos realmente mejor protegidos que los construidos sobre la superficie? Haspel responde con buena disposición. Ha habido problemas de ventilación y de suministro de energía en las galerías, muchos se han enfermado bajo tierra. El jefe de Daimler entrega los reportes donde se detallan los daños ocasionados por los bombardeos. Los estanques "matafuegos" han sido de gran ayuda; los techos de hormigón resultaron catastróficos, pues destruían todo al derrumbarse. No obstante, no logra comprender la lógica según la cual se planearon los ataques de la Fuerza Aérea aliada durante la guerra:

Desde nuestro punto de vista, no lográbamos comprender lo siguiente: ¿por qué no eran atacados los principales proveedores para la industria de motores de avión, la principal fundición de metales livianos para casi toda la industria aeronáutica, Rautenbach en Solingen y Wernigerode? La pérdida de esta fábrica habría tenido consecuencias imprevisibles. En nuestra opinión, Bosch en Feuerbach y en Dreilinden para bombas de inyección, bujías, etc. fueron atacadas muy tardíamente. El complejo Mittelwerk en Nordhausen ¿por qué ha sido atacado recién en los últimos días de la guerra? La destrucción de las instalaciones ferroviarias y las de alojamiento de esta fábrica hubiera tenido graves consecuencias. ¿Por qué las grandes centrales eléctricas prácticamente no fueron atacadas? Pensamos que un intenso ataque diurno de la fuerza aérea enemiga habría tenido, por lejos, mayores consecuencias que los ataques individuales a la propia industria.[11]

El acompañante de Shulman, el *technical observer*, vuelve a preguntar por los legendarios motores de avión. La única persona capacitada para responder es el ahora "reaparecido" ingeniero jefe Binder. La lista de preguntas de los norteamericanos es extensa. No olvidan nada: fundición, altos hornos, reciclaje de arena, fusión de bronce.

En Untertürkheim se adaptan rápidamente a los nuevos modales. Es sabido que los norteamericanos aprecian la *democracy* y el *business*, no así los cachivaches folclóricos nazis, los taconazos militares y la altanería racista. "En realidad", aclara el Consorcio al gobierno militar, "siempre hemos sido demócratas".

La Compañía siempre ha tenido la tendencia de no expandirse en la rama del armamento y considerar esencial la rama automotriz. Durante todo el período de dominio del nacionalsocialismo, mantuvo su independencia en el terreno financiero y en el del personal.[12]

En febrero de 1946, el Consorcio entrega a la "Property Kontrol [sic] Section"[13] –una entidad de los Aliados para el control de la propiedad– un informe sobre su cooperación con el régimen nazi donde sostiene que poco ha tenido que ver con los nazis. Los directores Otto Hoppe y Haspel, así como Werner, jefe de la planta en Mannheim, han sido perseguidos por tener esposas judías y "semi judías", otros por haber sido acérrimos enemigos de Hitler. La *Gauleitung* (Dirección de Comarca)[14] habría exigido el relevo del director Kaufmann, el "bastardo". El director de Daimler-Benz de la sucursal en Munich, Jakob Werlin, compañero de lucha de Hitler desde el primer momento y durante años, habría sido citado por el Directorio de la empresa para que "se desentendiera desde el principio de las exigencias del Partido". A pesar de que "un distanciamiento total hubiera significado la forzosa desaparición de la Dirección de la empresa y su sustitución por otros con personalidad complaciente", la Compañía dio muestras de "valor frente a la presión del Partido y las concepciones nacionalsocialistas". Sólo falta decir que los directores de Daimler eran luchadores de la resistencia.

Respecto a la contabilidad, Haspel admite la existencia de una Administración Central de Finanzas, pero afirma que la documentación más importante resultó destruida por las explosiones y los saqueos ocurridos al final de la guerra. Es muy poco probable que los Aliados le creyeran. Seguramente le han preguntado por las "reservas" existentes dentro y fuera del país. La respuesta de Haspel no figura en los documentos de archivo que exhibió Daimler.

Mientras Alemania permanezca subordinada a las potencias aliadas, el capital escondido en Suiza no se toca. Estar a la espera es la consigna. Según la experiencia histórica, en un futuro próximo habrán concluido los procesos a los criminales de guerra y las fuerzas de ocupación estarán dispuestas a firmar un tratado de paz y largarse. Entonces, la industria alemana reanudará su orden del día y emprenderá la Reconstrucción.

Cuando en 1949 se funda la República Federal, Ludwig Erhard, el genial "lavador" de dinero, es su omnipotente ministro de Economía.

Una empresa no puede, cual si fuera un padre de familia, desenterrar la caja escondida en el jardín para canjear los cubiertos de plata por vales de combustible. Una empresa debe explicar cómo, desde la nada, logra ingresar capital en su circuito productivo. Aun cuando las condiciones políticas sean favorables. Y son favorables en Bonn, Washington, Buenos Aires y Zurich.

Pero son desfavorables las condiciones financieras y políticas internacionales. Falta mucho para que el neoliberalismo inicie su marcha triunfal; la economía está aún subordinada al poder político. A fines de los años cuarenta, la circulación internacional de capitales es controlada muy de cerca. La conferencia internacional de Bretton Woods del mes de julio de 1944, en la cual se dibuja el orden financiero de la posguerra, creando el Fondo Monetario Internacional, acaba de resolver que las monedas, los tipos de cambio y los flujos de capital se sometan a un rígido control estatal e internacional. En la República Federal, el control de cambios y las trabas para la repatriación de utilidades se mantienen durante muchos años.

En Argentina la totalidad del comercio exterior es estatal. El Banco Central en Buenos Aires es el único autorizado para recibir dólares y hacer giros al exterior. Quien obtiene dólares desde el extranjero –por ejemplo

como resultado de una exportación– recibe del Banco Central el equivalente en pesos según la cotización oficial, muy inferior al tipo de cambio en el
mercado negro, el "cambio en Montevideo". En la otra orilla del Río de la
Plata, en la capital uruguaya, se comercializan pesos argentinos a un tipo de
cambio paralelo. Pero, en aquella época, también en Uruguay las transacciones financieras internacionales son controladas.

Ludwig Erhard pone manos a la obra. Sus hombres de confianza en el
Río de la Plata son Jorge Antonio y Germán Timmermann. Timmermann,
argentino descendiente de alemanes, es diplomático de carrera, doctorado
en Ciencias Económicas y profesor universitario. Gracias a su calificación en
la especialidad, fue designado por Perón como Agregado de Finanzas en el
consulado de Francfort del Meno, en agosto de 1949, para cerrar trato
sobre el primer convenio comercial entre la joven República Federal y Argentina. El 31 de julio de 1950, Erhard estampa su firma en el Convenio
Argentina - Alemania Occidental (CAAO), un tratado oficial y legal entre
dos estados soberanos a unas pocas semanas del *Gentlemen-Agreement*, pac-
tado en la sede de la empresa en Untertürkheim, confidencialmente, entre
caballeros de negocio.

Pero más importante que el propio CAAO es el apéndice sobre las
modalidades de pago. Según el artículo II, en el Banco Central argentino se
abrirá una cuenta en dólares americanos, que no devengará intereses, a nombre del Bank Deutscher Länder (antecesor del Bundeszentralbank, Banco
Central Alemán). Argentina depositará en esa cuenta el pago a las empresas
alemanas exportadoras. Las empresas alemanas pagarán sus importaciones de
Argentina, depositando el monto en esa misma cuenta. La intención explíci-
ta es lograr un balance comercial equilibrado, exportando tanto como se
importe. Superados los 31 millones de dólares en déficit, el deudor deberá
solicitar un préstamo en Nueva York y depositarlo en la cuenta.

Leyendo con ingenuidad, sólo se trata de la introducción de una moneda artificial, el "dólar CAAO", válida únicamente para el intercambio
comercial entre Argentina y Alemania y que mantiene la cotización del día
en que se firmó: 7,5 pesos por cada dólar americano. En pocos años, los
tipos de cambio oficial y paralelo se disparan, pero el dólar CAAO se mantiene en los 7,5 pesos por cada dólar americano del año 1950. Para el importador argentino significa una enorme ventaja pagar sus compras en Alemania con esa cotización.

Regalo de Jorge Antonio (de perfil); Ludwig Erhard (a la derecha).

El que mueve los hilos en el lado argentino es Jorge Antonio. Mantiene una estrecha amistad con Perón desde el inicio de los años cuarenta, cuando trabajaba como enfermero en el Hospital Militar. Ambos comparten un mismo sueño: industrializar a Argentina. Hasta entonces, Argentina exporta materias primas no elaboradas, trigo y carne. Durante la Segunda Guerra Mundial abastece tanto a los ingleses como al Reich alemán. Londres queda altamente endeudado. Cuando Perón llega al gobierno en 1946, dispone de una enorme cantidad de recursos financieros para sus ambiciosos proyectos.

Perón se propone mejorar de calidad de vida de amplios sectores de la población. Los "cabecitas negras" que vienen del interior del país necesitan puestos de trabajo. La producción nacional debe sustituir a las importaciones. Muy pronto cada argentino habrá de conducir su propio automóvil fabricado en el país.

Notas

[1] Citado por Roth, *Daimler-Benz-Buch*, op. cit. p. 312.

[2] No hay versión en castellano.

[3] Wilfried Feldenkirchen: *Vom Guten das Beste, von Daimler und Benz zur DaimlerChrysler AG*, Munich 2003, p. 171.

[4] Roth: *Daimler-Benz-Buch*, p. 312.

[5] Entrevista del Dr. Haspel, presidente de Mercedes-Daimler-Benz, Stuttgart, 6 de septiembre de 1945 con las autoridades militares de EE.UU. NARA RG 165, loc. 390/35/14/4, Box 711, MIS-Y/72 Entry 179.

[6] US Strategic Bombing Survey, informe s/f. Microfilm. NARA. RG 243, M 1013, Rolls 7.

[7] Roth: *Daimler-Buch*, op. cit. p. 459.

[8] Anotación protocolar del 2 de agosto de 1945, sobre la visita del día anterior, del *colonel* Taylor del Séptimo Ejército de EE.UU. Archivo Daimler, carpeta "Haspel", notas internas.

[9] Anotación protocolar al apoderado Hörmann, fecha 9 de agosto de 1945, archivo Daimler, existencias Haspel.

[10] Apunte de actas del 10 de julio de 1945, Haspel, archivo Daimler.

[11] Apunte de actas referente a las repercusiones de los ataques aéreos. Julio de 1945, p. 6, archivo Daimler.

[12] Ibíd.

[13] Informe del 26 de febrero de 1946, Military Government Stuttgart, Detachment F 10, desde p. 7, archivo Daimler.

[14] Cada "director" de comarca era designado por altos mandos del Partido, a menudo directamente por el mismo Führer. Cumplía la función de control, vigilancia e informante de su área.

Capítulo 4

De la nada hacia un imperio

Recién tres semanas antes del fin de la guerra, el 27 de marzo de 1945, Buenos Aires cede a las fuertes presiones y declara la guerra al Reich alemán y a Japón. Pero, según los norteamericanos, no expropia el "capital enemigo" alemán con la celeridad necesaria, ni da a los alemanes el trato que estipulan los acuerdos internacionales. De modo que las relaciones entre Washington y Buenos Aires se ponen más tensas aún al finalizar la guerra. Se sospecha que Perón, electo presidente en 1946, simpatiza con la causa nazi. Hace ya cuatro años que Washington impide el intercambio comercial y bloquea el oro argentino depositado en cuentas estadounidenses. Mantendrá estas sanciones hasta 1949.

Poco antes de las elecciones, en febrero de 1946, la embajada de EE.UU. publica el *Libro azul*, un informe en el cual se acusa abiertamente al candidato presidencial Perón de colaborar con los fascistas. Se le reprocha al gobierno argentino rehusar la extradición de ciudadanos alemanes para protegerlos de procesos penales. Los marineros del acorazado Graf Spee y de los submarinos rendidos se mueven libremente en el país, pero cada vez que se solicita alguna deportación, el marinero en cuestión está enfermo o no puede ser localizado o no puede viajar por tener una causa abierta por un delito menor.

Entre tanto, en mayo de 1947, a los 26 años, Jorge Antonio contrae matrimonio con su adorada Esmeralda. Hasta ese momento vivía en la casa de sus padres con cinco hermanos menores. Con la vida conyugal comienza también su ascenso social, pues Rubín, el suegro, es hijo de judíos españoles. Tiene plata. Antonio acaba de dejar su empleo en Obras Sanitarias por un puesto en la empresa Aguirre, Mastro & Cía, importadora desde hace muchos años de vehículos Daimler-Benz y General Motors.

A pesar de todo, según narra Jorge Antonio en sus memorias,[1] él intenta convencer a los gerentes de General Motors de invertir en el extranjero. Es bien recibido pues aprecian sus cualidades en el negocio. Pero la aspiración de General Motors es encontrar nuevos mercados para vehículos *"made in USA"*, y en ningún momento pensaron en una producción local, mucho menos en el Río de la Plata. En definitiva, no se llega a ningún acuerdo y las relaciones comerciales disminuyen considerablemente.

Para Antonio el trato con Alemania es más prometedor. Daimler-Benz le ofrece reiniciar las relaciones comerciales interrumpidas por la guerra. En abril de 1950, Wilhelm Haspel lo recibe con los brazos abiertos y le permite visitar la fábrica de camiones en Mannheim. El objetivo es la fabricación de camiones en Argentina utilizando el *"know how"*, las tecnologías desarrolladas en Untertürkheim.

Rápidamente llegan a un acuerdo. La primera transacción es de escasa envergadura. Antonio ya tiene la autorización para importar cien automóviles, cinco ómnibus y cinco camiones. En notas internas de Daimler[2] se especifica, bajo estricta reserva, que el pago ha de ser en "dólares americanos libres". De los cien automóviles se destinarán cuarenta a empresas de taxis y treinta al Ministerio de Industria. Los restantes treinta podrán ser vendidos libremente por Aguirre, Mastro & Cía. Haspel da el visto bueno.

En abril de 1950 se cierra el *Gentlemen-Agreement*.[3] El plan es fundar Mercedes Benz Argentina con una fábrica de camiones y comenzar de inmediato la exportación de vehículos. "En cuanto estén dadas las posibilidades legales", expresa con elegancia el acuerdo,[4] Daimler-Benz participará con un tercio del capital que será administrado, mientras tanto, por un agente fiduciario. La inversión de la empresa se hará efectiva a través de las utilidades y las compensaciones por uso de patentes. La designación del personal de dirección y todos los asuntos empresariales, organizativos y de funcionamiento serán resueltos de común acuerdo con Daimler-Benz. Así reza la versión oficial.

De algún lado tiene que salir el capital a invertir. De hecho, todos lo saben. Y es Francisco Coire, colaborador durante años en el Banco Central y arquitecto de la operación de "lavado" de dinero, quien lo enuncia: "Los fondos escondidos durante la guerra". El negocio cuenta con la bendición del gobierno en Bonn. Lo que sigue es un fragmento del interrogatorio al que fue sometido Coire, jefe de finanzas del imperio de Antonio, por la Comisión 11:

Coire: El asunto vino en aquella época documentado con una nota de Daimler Benz certificada por el propio gobierno alemán. Así que el problema del arreglo que tenía Daimler Benz con su gobierno no lo conozco. Pero sí supe, por los estudios hechos fuera de esto, que en todos los países ocupados había mucha exportación de capitales, fondos que antes de la guerra o en el tiempo de la guerra estaban ocultos o bajo otra forma en terceros países. Por eso, no era difícil que estos fondos fueran de esos que estaban en terceros países. Que entraban a Alemania y salían después como exportaciones pagadas. Pregunta: ¿Vale decir que se hubieran pagado de un tercer país a Alemania?

Coire: Fondos de las propias firmas alemanas. En tiempos de la guerra hubo grandes exportaciones de fondos, contrabando, digamos así, de fondos. Pero en el caso éste, la prueba testimonial estaba dada por la carta de Daimler Benz certificada por el gobierno alemán. (23 de noviembre de 1955).[5]

En septiembre de 1951, de la nada, surge Mercedes Benz Argentina. Y como todo es urgente, se forma primero una sociedad de responsabilidad limitada. Junto a Jorge Antonio, los miembros fundadores son César Rubín (cuñado de Antonio), Atilio Gómez (ex director de un casino que debe favores a Antonio) y Germán Timmermann, quien convino el CAAO con Ludwig Erhard. "Tenemos participación en una S.R.L.", consta en una nota interna de Daimler, "pero aún no es oficial. En caso de preguntas, la empresa trabaja con capital argentino".[6]

Un año después, la empresa se transforma en Mercedes Benz Argentina Sociedad Anónima Financiera, Industrial, Comercial, Inmobiliaria y de Mandatos.[7] Accionista mayoritario es Jorge Antonio.[8] Según los estatutos, la Sociedad Anónima tiene como finalidad la importación y comercialización de productos de Daimler-Benz S.A., así como el montaje de vehículos con los componentes suministrados por la empresa en Untertürkheim.

Visto desde afuera, todo parece estar en manos de argentinos, pero en realidad —como ellos mismos atestiguarían más adelante— actuaban como testaferros. Gómez alega haber sido el "representante local" de Daimler-Benz, por expresa voluntad del director Haspel, aunque nunca tuvo un poder escrito otorgado por Haspel.[9]

En pocos años Daimler-Benz S.A. posee un imperio de cientos de millones, pero sólo puede justificar una inversión de 180.000 dólares en activos reales.[10] ¿De dónde provienen esos valores? Para Jorge Antonio eso carece de importancia. Sabe, por supuesto, que las fábricas de Daimler han sufrido bombardeos y desmantelamientos.[11] Sabe que en la Alemania de posguerra no sobraban los recursos productivos como para dejarlos unos años más en el exterior. Y sabe también que muchas de las instalaciones fabriles, que habían sido trasladadas a Suecia en los últimos meses de la guerra, aparecieron en Argentina después de 1945. Se quiso evitar que cayeran en manos del Ejército Rojo que venía avanzando. Suecia se mantuvo neutral durante la guerra, pero mostró simpatía por la causa nazi; luego de 1945, hace entrega inmediata de los capitales alemanes –cuentas bancarias y cofres de seguridad– a los Aliados. La maquinaria escondida ni siquiera es mencionada.

Desde 1947 se realiza en Suecia una especie de remate de fábricas completas, procedentes sobre todo de Polonia y del Protectorado de Bohemia y Moravia. Muchas de ellas terminan en Argentina, por ejemplo una fábrica química en Río Tercero instalada allí por ingenieros de habla checa.[12]

¿Llegaron las máquinas para Mercedes Benz Argentina también de Suecia? Antonio no se acuerda. "Puede ser que provinieran de algún tercer país", dice, "pero no es mi problema, yo necesitaba máquinas y recibí máquinas".

El primer negocio grande no fue la construcción de la fábrica, sino la importación de tres mil taxis de Untertürkheim. "En Stuttgart celebraron el cierre del contrato con champaña", recuerda Antonio, pues en esa época era increíblemente difícil obtener un permiso de importación. Pero en Argentina gobierna el general Perón. Y mientras él se encarga de la política, Antonio atiende los negocios. Cuando la Presidencia necesita vehículos[13] para distribuirlos entre el Partido, el Sindicato y el Poder Judicial, Juan Domingo no tiene más que pedirlo.

Los hombres que llevan a la práctica el *Gentlemen-Agreement* en Argentina son Jorge Antonio, su segundo, Germán Timmermann, que aporta apariencia de seriedad a la fachada, y docenas de testaferros, contadores, abogados y escribanos. Y por supuesto Francisco Coire, el arquitecto del "lavado" de dinero que hizo carrera en el Banco Central y en el Ministerio de Finanzas.

En Alemania son los creadores del proyecto *Safehaven* (Puerto Seguro): el ministro Erhard, y en Daimler-Benz, Wilhelm Haspel, Fritz Könecke,

Karl Friedrich Binder, Arnold Wychodil y Hanns-Martin Schleyer. Ellos ganaron sus medallas en el frente económico del nacionalsocialismo.

Wilhelm Haspel[14] fue durante años jefe de la planta en Sindelfingen y, a pesar de las persecuciones por ser su esposa "semijudía", presidió el Directorio durante la guerra.[15]

Fritz Könecke se afilió al partido nazi el 1 de mayo de 1933. Director general de la fábrica Continental en Hannover, en 1941 recibió el galardón de *Wehrwirtschaftsführer* (Conductor de la Economía Militar). Al mismo tiempo dirige el Consejo de Administración de la S.R.L. Cultivo e Investigación de Plantación de Caucho,[16] que hace trabajar a prisioneros en Auschwitz en el desarrollo de una planta gomera de origen ucraniano.[17] Gracias a los buenos oficios del industrial de Stuttgart Otto Fahr –un beneficiario del "lavadero" argentino de dinero– Könecke asume, en marzo de 1953, como sucesor de Haspel.[18]

Arnold Wychodil, un alemán de la Región de los Sudetes (después se transforma en Checoslovaquia), presta servicios en Daimler desde 1936 como director de una fábrica de reflectores antiaéreos y motores, en el protectorado de Bohemia y Moravia. La fábrica textil Neu Paka había sido "incorporada" por la ocupación alemana, clausurada y entregada al consorcio Daimler.

Wychodil, hombre de confianza de Haspel, es designado en julio de 1945 hombre de enlace con el Gobierno militar estadounidense, luego jefe de Exportaciones y desde mediados de 1952 miembro del Consejo Directivo.

Otro miembro del proyecto Puerto Seguro es el teniente de la SS Hanns Martin Schleyer*, director hasta el fin de la guerra, en Praga, del Despacho

---

* H.-M. Schleyer era oficial de la SS. En los años cincuenta hace carrera en Daimler-Benz. El 5 de septiembre de 1977, siendo presidente de la patronal alemana, fue secuestrado por el "comando Siegfried Hauser" de la guerrilla alemana RAF. La RAF pidió al gobierno alemán la liberación de la cúpula guerrillera, detenida en la cárcel de alta seguridad en Stuttgart-Stammheim. El gobierno social-demócrata no accedió. El 13 de octubre, un comando palestino secuestra un avión de pasajeros de Lufthansa como una acción de apoyo. Obliga al piloto a volar hasta Mogadishu donde una unidad de combate de las Fuerzas Armadas Alemanas GSG 9 ataca al avión, mata a tres de los cuatro secuestradores y libera a los 86 rehenes. En la misma noche mueren los presos de la RAF en Stuttgart-Stammheim. Tres de ellos son encontrados con un tiro en la cabeza en sus celdas. El cuarto prisionero es una mujer que sobrevive gravemente herida. Ella niega la versión de las autoridades que explican las muertes como suicidios. A pocas horas de conocer el hecho, Schleyer es ejecutado con un tiro. Se desata una ola de represión en Alemania.

Presidencial de la "Asociación Central de la Industria en Bohemia y Moravia", y responsable de la provisión de mano de obra para la industria alemana, esto es, de trabajadores forzados. Después de 1945 fue encarcelado, luego "*entnazifiziert*" (blanqueado, "desnazificado"). Wychodil, su amigo desde los tiempos en Praga, lo trae a Untertürkheim en 1951. Un año después asciende como asesor personal de Könecke.[19]

El ingeniero jefe Karl Friedrich Binder coordina la fabricación de motores de avión durante la guerra. La fábrica Daimler en Berlín-Marienfelde suministra diez de esos motores al Departamento Militar suizo, ya en las últimas semanas de guerra. El oficialmente neutral gobierno en Berna pagó puntualmente, aparentemente mediante un depósito en la cuenta de Daimler en Zurich.

(Décadas atrás he solicitado ese documento, pero hasta el momento la que hoy es la empresa DaimlerChrysler no logra encontrar el comprobante de este pago.)

Finalizada la guerra, le encomiendan a Binder la "repatriación de los establecimientos trasladados".[20] En 1951 viaja a Argentina. El ingeniero, munido de amplios poderes, se exhibe como director y accionista de empresas, pero éstas son ficticias y pertenecen a Daimler-Benz. Posee acciones de Mercedes Benz Argentina (MBA) por un valor de dos millones de pesos y de Forja S.A. por 300 mil pesos. No obstante, según consta en actas labradas más adelante, no puede disponer personalmente de este capital. También en la contabilidad de Forja S.A. se escritura la remuneración por su actividad como vicepresidente, pero él no cobra esos importes que van a engrosar la caja negra.[21]

Bajo el techo protector de Mercedes Benz Argentina, Binder toma en sus manos la solución del alojamiento de personas inculpadas. Desembarcan en Buenos Aires como "expertos", "ingenieros", "electricistas". Algunos carecen de experiencia, otros son gente de Daimler. En la Alemania de posguerra, un total de mil trabajadores de Daimler fueron sometidos al procedimiento de "desnazificación" y, casi sin excepción, reintegrados a sus puestos, como admite el presidente Haspel: "La vieja guardia, en la medida que no integraba el Directorio, recuperó su ocupación".[22]

El 21 de septiembre de 1951 Binder llega a Buenos Aires. Trae los detalles por escrito en su maletín. El 30 de noviembre de 1951 entrega a Jorge Antonio la Instrucción N° 1:

Plan provisorio para la distribución laboral de los especialistas alemanes que ya han llegado. A partir del 1º de diciembre los señores abajo mencionados ocuparán, hasta nuevo aviso, los siguientes puestos de trabajo: El señor Zimmer será director técnico del taller "Talleres Güemes". Antes de entregar los vehículos Daimler al cliente, el señor Zimmer tiene que dar su visto bueno. El señor Rüge es responsable de la revisión y organización de herramientas, los señores Steidel y Busch del montaje de camiones, Able y Krieg para el de los coches de correo y omnibuses. Siegwart trabaja junto con Krieg. Müller[23] es, en el taller, el encargado de la parte eléctrica de los coches. El señor Kirschbaum asumirá tareas especiales y contará con el asesoramiento del señor Axtmann.

Antonio recuerda que ésa no fue la primera vez que recibió una lista de personas a quienes debía procurar un lugar de trabajo. Anteriormente, Haspel y Könecke le habían entregado otra lista con unos veinte nombres de "gente con problemas", dijeron los alemanes. Contratarlos fue condición para la transferencia de tecnología. Él personalmente contrató a Adolf Eichmann, el organizador del transporte de los judíos a los campos de concentración.

¿Nazis por tecnología? ¿Sería ése el trato? ¿O Antonio quiere defenderse de la imputación de haber sido, él y Perón, amigos de los nazis? El hecho es que ni Mercedes Benz Argentina ni Daimler-Benz en Stuttgart, han explicado jamás cómo Eichmann pudo "calificar" para un puesto de trabajo como experto en electricidad. Era sí experto en la destrucción de seres humanos.

Respecto de otros visitantes, el director de Taller Willy Zimmer, mencionado por Binder, tiene formación en inteligencia técnica de la SS.[24] Y el supuesto "técnico" Krieg no puede distinguir un destornillador de un sacacorchos, recuerdan algunos colegas que trabajaron un tiempo con él.

Las decenas de miles de nazis que llegan al Río de la Plata a partir de 1950, aportan poco y nada en la construcción de la infraestructura industrial. Otra cosa es el alivio que representó su salida de Europa. Al "exportarlos", la Alemania de posguerra se quitó de encima un problema.

Notas

[1] Jorge Antonio: *Y ahora qué*, Buenos Aires, 1982. En un memorando del 23.01.1956, Daimler-Benz registra la primera visita de Antonio en el año 1950, seguida por la visita de Haspel en 1951.

[2] Anotación protocolar del 18 de abril de 1950 de la sección de exportaciones de Daimler-Benz dirigida a Haspel. Archivo Daimler, existencias Haspel.

[3] El *Gentlemen- Agreement* se cerró primeramente cuando la visita de Antonio, mediante apretón de manos, en abril de 1950. La sentencia del 20.12.1957, exp. 7343, del juzgado argentino nombra como fecha el 10 de agosto de 1951. La misma fecha consta en el memorando de Daimler-Benz S.A. del 23 de enero de 1956, p. 3, suscriben: Reuter y Beck. Fuente: Actas de la Comisión 11, AGN-C11. Pero recién el 29 de abril de 1952 se fija el acuerdo por escrito. Se halla bajo el título de *"Gentlemen - Agreement"* en el archivo del Consorcio en Stuttgart. Según este acuerdo, Jorge Antonio pretende transformar a MBA S.R.L. en una sociedad anónima, con un capital inicial de 20 millones de pesos.

[4] Según el *Gentlemen - Agreement* del 29 de abril de 1952.

[5] Declaración de Coire frente a la Comisión 11.

[6] Apunte de actas del 18.08.51 sobre conversación con Binder, archivo Daimler.

[7] Acta fundacional del 4 de septiembre de 1952, "en forma provisoria".

[8] A Jorge Antonio le tocan 2.100 acciones por 2.100.000 pesos; a Atilio Gómez 1.300 acciones por 1.300.000 pesos. Germán Timmermann sostiene acciones por 200.000 pesos; Roberto Eduardo Roig por 100.000 pesos; Rubén Elías Antonio (el hermano) por 100.000 pesos; César Santiago Rubin (cuñado) por 100.000 pesos; Lázaro Fernando Romero por 25.000; Héctor Beltrán Sahasquet por 25.000 pesos; Manuel Araujo por 25.000 pesos; Jorge Oreste Angel Bruno por 25.000. El total del capital asciende a 4.000.000 pesos, el 10 por ciento es depositado en el Banco de la Nación.

[9] Declaración de Gómez ante la Comisión 11, 8 de febrero de 1956.

[10] Según Sentencia de diciembre de 1957.

[11] Los informes sobre el alcance de la destrucción de las fábricas difieren. Mientras Daimler-Benz sostiene, durante décadas, que la destrucción de los recursos de producción fue casi total, el autor de la biografía de Schleyer, Hachmeister, cita a Neil Gregors, autor de *Stern und Hakenkreuz* (*Estrella y Cruz Svástica*), Berlín, 1997, según el cual solamente fue destruido el 15 por ciento de toda la maquinaria. Pero en este contexto el interrogante resulta insignificante. Aunque los destrozos hayan sido menores de lo que se suponía hasta ahora, después de 1945 seguramente no sobraba maquinaria que pudiera ser embarcada, sin más, hacia Argentina.

[12] La viuda de Germán Timmermann narró los detalles a la autora en una entrevista realizada en el año 2003. Un pariente de ella, con la ayuda de su marido, había organizado el transporte de varias fábricas desde Suecia a Argentina.

[13] Carta de Perón a Antonio. 29 de octubre de 1953, AGN-Comisión 11.

[14] Citado por Roth, Daimler-Buch.

[15] Durante el período fascista, Haspel fue declarado como enemigo, por el funcionario Dickwach del DAF (Deutsche Arbeitsfront – Frente Alemán del Trabajo, una organiza-

ción sindical nacionalsocialista controlada por el Estado), por estar *"jüdisch versippt"* (N. de T.: contaminado por la estirpe judía) a causa de su matrimonio con su esposa judía. Compárese Das Daimler-Benz-Buch, loc. cit., pp. 302 y ss. Sus colegas Carl Werner (jefe de la fábrica en Mannheim) y Otto Hoppe (director) también debieron retirarse por sus matrimonios con mujeres judías, a pesar de su lealtad a la empresa. El *SS-Obergruppenführer* (rango equivalente a teniente general) Jakob Werlin escribe en un telex del 27 de agosto de 1942, dirigido al *Reichsführer* (Jefe de la SS) Himmler, que considerando las condiciones extraordinarias, el nombramiento de Haspel fue aceptado por el Führer y por el *Reichsmarschall* (mariscal del Reich). "Werner me ha cumplido valiosos servicios con la disposición ilegal de vehículos para las campañas electorales. Muchos hombres líderes del movimiento tienen conocimiento de esto, en especial el *Obergruppenführer* y general de la Waffen-SS Dietrich, quien me instó repetidas veces a interceder ante el Führer a favor de Werner". Archivo Federal, expediente Könecke. Compárese también Das Daimler-Benz-Buch, op. cit., p. 304.

[16] *Pflanzen-Kautschuk-Forschungs- und Anbau-GmbH.*

[17] Könecke se encargaba del abastecimiento de una materia prima decisiva para la victoria: el caucho natural. Brasil se había sumado a la guerra e interrumpido los envíos. La planta gomera descubierta en la Unión Soviética, Kok-Sagys, denominada por los nazis como "4711", debía ser adaptada al clima centroeuropeo. En Auschwitz se trabajaba en ello a toda máquina. Pero los resultados eran magros. Véase protocolo de la reunión del Consejo Administrativo del 20 de septiembre de 1943, "Confidencial" de la *Pflanzenkautschuk-Forschungs GmbH* (S.R.L. para la investigación del caucho vegetal) en el Ministerio de Economía del Reich, Berlín. Archivo Federal Berlín, expediente Könecke.

[18] Lutz Hachmeister: *Schleyer, eine deutsche Geschichte*, Munich, 2004, p. 247.

[19] Ibíd.

[20] Roth, Daimler-Buch, p. 750.

[21] Declaración del 12.01.1956 de Binder ante la Comisión 11, AGN.

[22] Feldenkirchen, loc. cit., p. 184.

[23] Nombre cambiado a expreso deseo de los deudos.

[24] Según documentos del Archivo de la Nación en Berlín, Zimmer participó en un curso, de la SS, para mantenimiento de radios de tanques de guerra, en la Escuela de Comunicaciones en Metz desde el 06.07.1943 al 30.09.1943.

Capítulo 5

De Zurich a Buenos Aires

La operatoria de lavado de Daimler-Benz era inviable sin una filial en la Argentina que tuviera el capital suficiente para pagar las exportaciones que hacía la casa matriz desde Alemania hacia el puerto de Buenos Aires. Pero había un detalle: para ingresar el dinero escondido en Suiza en su balance, la empresa debía contabilizarlo en forma legal. Actualmente, con un mercado financiero internacional casi sin trabas, el camino más fácil sería depositar el dinero en un banco de un "paraíso financiero" y solicitar en el mismo banco un crédito equivalente. El costo del "lavado", hoy en día, es mucho menor. Básicamente es la diferencia entre el importe recibido por los depósitos y el monto exigido por el crédito. Por ejemplo: si el capital a "lavar" es colocado en *offshore* al cuatro por ciento y los intereses del crédito son del diez por ciento, el costo del "lavado" es del seis por ciento. A menudo es incluso inferior.

A principios de los años cincuenta una operación de esta naturaleza era absolutamente inviable. Los movimientos financieros eran celosamente controlados, y por lo tanto el "lavado" de dinero era complicado, costoso y arriesgado. Frente a esta coyuntura desfavorable el sistema desarrollado por Daimler-Benz era brillante: pagar sobreprecios, asignar sueldos falsos y aprovechar la diferencia entre el tipo de cambio oficial y el paralelo.

¿Pero cómo es exactamente la operatoria del lavado de dinero? Primeramente, Mercedes-Benz importa en Argentina vehículos fabricados en Untertürkheim. Cuanto más exportaciones y mayores precios de venta, tanto mayores son los ingresos para los alemanes, tanto mayor es la eficiencia del "lavado" de dinero. Pero, ¿qué capital puede presentar Jorge Antonio, que asciende de la nada, para financiar las importaciones? Alega haber construido su imperio con las ganancias de las primeras ventas de automóviles y que los envíos iniciales fueron financiados por "terceros" en Europa. "Terceros" que son particulares o empresas que no residen en Alemania y que él no ha llegado a conocer, como los exportadores de trigo Dreyfus y Bunge & Born. Tal vez hayan hecho los giros desde sus cuentas en Europa directamente a Stuttgart, y luego embarcaron los vehículos y los vendieron en Buenos Aires. Con parte de las ganancias se habrían comprado dólares en el mercado paralelo para pagar por "debajo de la mesa" a los "inversores".

Probablemente jamás hayan existido esos misteriosos "terceros". Daimler-Benz S.A. es quien debe haber saldado esa factura desde sus cuentas suizas. Seguramente los tradicionales exportadores de trigo Dreyfus y Bunge & Born no son quienes financiaron el negocio. Antiperonistas recalcitrantes, enemigos de Antonio. Perón estatizó todo el comercio exterior, sacándoles el negocio de las manos. No arriesgan ningún capital si no existen garantías. Y lo poco que pueden comercializar en granos las firmas particulares, en breve será administrado por Fabar S.A., la empresa cerealista de Antonio, sobre cuyos "negocios turbios" Bunge & Born se ha quejado repetidas veces[1].

Luego de este empujón financiero para los tres mil taxis, son traídos desde Suiza más fondos en efectivo. Una vez sorteados los controles argentinos, son cambiados en el mercado paralelo. Es la única explicación lógica que encuentran las autoridades cuando investigan esta repentina lluvia de dinero.[2]

El hecho es que hasta 1955, el Banco Central argentino otorga a Jorge Antonio la disponibilidad de divisas por 63 millones de dólares para el pago de facturas de importación. No existe en Stuttgart una salida de dinero desde Alemania hacia Argentina que corresponda a estos 63 millones.

También es un hecho que la financiación de estas importaciones desde Alemania –un problema para la parte argentina– es solucionada desde un principio por la parte alemana. En su primer encuentro con Perón, Haspel, miembro del Directorio, promete que el negocio "no va a fracasar por la financiación de la importación".[3] Haspel asegura que "Daimler-Benz hallará soluciones para las importaciones [es decir, para las divisas]".[4]

En los archivos suizos, hasta hoy, no ha aparecido ningún comprobante bancario que documente alguna transferencia de fondos de Daimler-Benz a Zurich antes de mayo de 1945. Esta operación seguramente habría sido impedida por el Departamento de Divisas del Ministerio de Economía del Reich, para que la "victoria final" no se viera privada de recursos financieros. Y no debían dejarse huellas que pudieran más tarde ser seguidas por los Aliados.

En Untertürkheim se hallan algunos comprobantes de transferencias en dólares, efectuadas por Mercedes Benz Argentina a Daimler-Benz, a través del banco suizo Schweizer Bankgesellschaft. "Con las correspondientes garantías."[5] Y en Buenos Aires duerme una orden de pago al banco suizo UBS (Schweizer Bankenunion). En estos casos se trata de importes menores.[6]

Tampoco se encuentran comprobantes bancarios de transferencias efectuadas, después de 1950, de cuentas suizas a Mercedes Benz Argentina. En el Banco Central en Buenos Aires tampoco es posible localizar el correspondiente comprobante de pago.[7]

Hay tres posibles explicaciones. Las "reservas" alemanas fueron primeramente depositadas en cuentas secretas de bancos suizos y ocultadas a los Aliados.[8] O fueron guardadas como billetes o lingotes de oro en cofres de seguridad; o, tercero, fueron invertidas mediante testaferros suizos en acciones y bienes inmuebles para lucrar y, llegado el momento, vender y contrabandear el efectivo hacia Argentina.

Probablemente hayan utilizado los tres métodos. Las industrias habrán optado, seguramente, por la tercera opción –que Daimler-Benz en Argentina demostró ser exitosa–. Las empresas dispusieron de dos años, antes de la capitulación, para planificar el "lavado" de dinero. Es un hecho que en Argentina, a partir de 1952, aparecen repentinamente montañas de dinero en efectivo, para las cuales no hay ninguna explicación legal. La única explicación lógica es el traslado físico de dólares desde Europa, por algún empresario o en valija diplomática.

En los archivos de la Comisión 11, fundada por la Junta Nacional de Recuperación Patrimonial, se encuentra también una nota escrita por Binder, del 17 de noviembre de 1951, dirigida a Jorge Antonio. Binder había aterrizado, ocho semanas atrás, en un vuelo de KLM procedente de Francfort.

El 18.11. parten de Zurich 4 hombres y el 25.11. otros 2 más. Para estas personas se han asegurado en el Golf Hotel habitaciones con dos camas c/u. El 14.11. partieron de Génova 4 hombres en buque, los cuales llegarán a principio de diciembre. También para estos cuatro se han reservado habitaciones en el Chalet del Hotel Golf. Los detalles fueron discutidos con el Sr. Gómez. Propongo que los hombres paguen las habitaciones de su sueldo, mientras que el living corra a cuenta de M.B.A (son $1.620 por mes). Ruego su conformidad. Binder

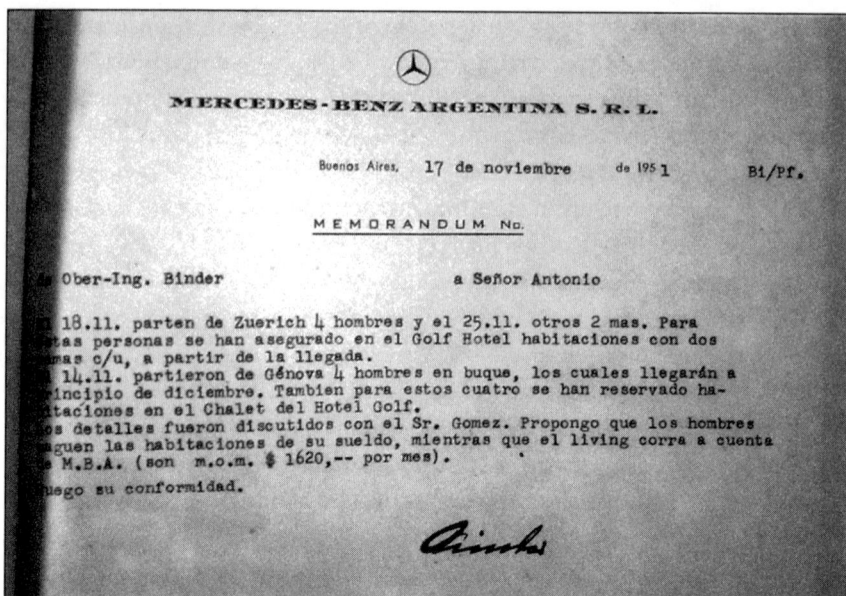

Binder a Jorge Antonio.

Todo indica que los señores, que abordan su avión en Zurich, traen mucho dinero encima. Más tarde otros valores son transportados en barco, ya que por ese medio pueden llevar mayor cantidad de equipaje. Jorge Antonio es informado para evitar complicaciones en la Aduana argentina.

Los "cuatro hombres" mencionados por Binder en su nota toman el vuelo Nº PH-TP, en un avión DC 6 de la aerolínea KLM en Zurich. En su viaje a Buenos Aires hacen varias escalas: Lisboa, Dakar, Recife, Río de Janeiro y Montevideo. Los "cuatro hombres" son: Alfred Busch, 25 años, soltero, católico, de profesión mecánico. En la Aduana declara como residencia Charcas 684, la dirección de Mercedes Benz Argentina. Junto a él vuela Günter Krieg, 25 años, soltero, católico, mecánico, domiciliado en Charcas 684. Bernhard Siegwart, 24 años, soltero, católico, mecánico, domiciliado en Charcas 684. Willi Steidel, 37 años, casado, evangélico, ejecutivo. Domicilio: MBA.

Los mencionados "dos hombres más" son Adolf Rüger y Willy Zimmer. Llegan con el vuelo 665 de KLM procedente de Zurich. Ambos declaran la sede de MBA como su domicilio. Rüger declara ser "ingeniero" y Zimmer, el hombre de la SS, dice ser "jefe".

El 30 de noviembre de 1951 arriban los cuatro hombres restantes anunciados por Binder al puerto de Buenos Aires. En el barco Conte Grande, llegan desde Génova: Karl Sachs, mecánico; Karl Droop, comerciante; Gerhard Gall y Heinz Metz, torneros. Domicilio en Argentina: Charcas 684, Mercedes-Benz.

Heinz Metz ingresó a la edad de 11 años a la *Hitlerjugend* (Juventud Hitleriana) y en 1941, con 14 años, ya es aprendiz en la fábrica de Daimler-Benz en Mannheim. Sigue ciegamente los mandatos del Führer, tanto en el Partido como en la Fábrica. Al cumplir los 16 solicita su ingreso al NSDAP, el que lo hace oficialmente miembro el 20 de abril de 1944 (día del cumpleaños de Hitler). Tratándose de un muchacho tan joven era una distinción extraordinaria. Finalizada la guerra se le inicia un proceso,[9] pero en el acta respectiva no se especifica de qué se le acusa. Únicamente a mí, por teléfono, Metz confiesa haber sido un "gran nazi" y haber sido sentenciado a 26 meses de prisión. Esta sentencia no figura en su acta de "desnazificación", probablemente el fallo no fue establecido en un tribunal especial (*Spruchkammer*) de "desnazificación", sino en un Juzgado Penal.

En el proceso de "desnazificación" Metz debe especificar, por escrito, a qué organizaciones nazis pertenecía. Hace declaraciones falsas, oculta su calidad de miembro del Partido y da a conocer solamente su jerarquía de *Scharführer* (equivalente a sargento mayor) en la Juventud Hitleriana. Tiene suerte y el tribunal no investiga sus declaraciones ni revisa el archivo de miembros del Partido. Son demasiados los que deben ser "desnazificados". El ministro de Reconstrucción y Liberación Política cierra el proceso basándose en la Ordenanza de Amnistía Juvenil.[10]

Pero a muchachos jóvenes como Metz, les disgusta tener que acostumbrarse a la nueva situación. Ayer le entregaban su vida al Führer en pos de la "victoria final" y de un día para otro, repentinamente, según los norteamericanos son los malos de la película. Figuras emblemáticas del Partido son condenadas como criminales de guerra, con información sobre los crímenes nazis se pretende reeducar a los alemanes: muchos opinan que es "propaganda enemiga". Se habla de "democracia" y de "economía social de mercado". Ahora resulta que nadie pertenecía al Partido, predomina el oportunismo generalizado. Y quienes, como Heinrich Metz, no pueden o no quieren adaptarse a los nuevos tiempos y continúan añorando la figura del Führer, se transforman en un estorbo para la Reconstrucción, no engranan. Este tipo de gente debe desaparecer del cuadro. Y también los miles de nazis ocultos en el norte italiano o donde fuera.

Daimler-Benz aparta a Metz del punto de mira. Lo lleva bien lejos, hacia Argentina vía Génova, por el itinerario ya utilizado por la "Ruta de las Ratas". En Sudamérica esta gente no molesta. Allí pueden asociarse con sus iguales y entonar la canción de Horst Wessel.[*] Y allí se requiere, precisamente ahora, mano de obra con probada experiencia en conspiraciones.

La empresa no envía a Metz solamente por un par de meses a instalar un nuevo establecimiento. En la Aduana, Metz declara ser emigrante. Hace carrera en Mercedes Benz Argentina y asciende a jefe de Producción.

En el Conte Grande, el 15 de julio de 1952, llegan desde Génova tres colaboradores más para Mercedes: Richard Widmaier, Willy Laub y Wilhelm Brückner. Ellos también declaran su domicilio en "Charcas 684". La lista de pasajeros resulta muy informativa: en grupo, junto con Laub y Brückner, embarcó también Herbert Trebesch, el cónsul alemán en Buenos Aires. ¿Será casualidad? El señor posee valija diplomática. El equipaje diplomático no es controlado. ¿Será un indicio más sobre el apoyo activo del gobierno alemán en el "lavado" de dinero?

El 30 de diciembre de 1951, el carguero holandés Waterland atraca en Buenos Aires. Es un buque mediano de 6.787 toneladas. Tiene una tripulación de 48 hombres y lleva un solo pasajero: Helmut Hörmann, 46 años, católico, técnico, oriundo de Sindelfingen (barrio de Stuttgart). No indica su domicilio, pero su nombre figura en el listado de "Personal especializado contratado por Mercedes-Benz GmbH (S.R.L.)", aún antes de ser fundada la sociedad anónima en 1952. Según el listado, Hörmann recibe el considerable sueldo de 4.000 pesos. Integra la plantilla de Personal de Dirección en Daimler-Benz.

La Administración Contable de MBA registra a estos "técnicos" llegados a partir de 1950 - 1951 en el área de oficinas, en la calle Charcas. No en los Talleres Güemes ni en la instalación de montaje en San Martín. Aún faltan diez años para iniciar la fabricación de camiones.

También hay que alojar a Hildelore Kopka. "Kopka" no es su apellido verdadero. Ella llegó en septiembre de 1950 por la "Ruta de las Ratas" en el

---

[*] N. de T.: Horst Wessel, formador de la Juventud Hitleriana y mártir del NSDAP, fue asesinado a los 19 años. Escribió un himno titulado *Die Fahne hoch* (*La bandera en alto*), que llegó a ser conocido como el *Horst Wessel Lied*, el himno oficial del NSDAP.

barco Giovana C, junto a su hijo de 19 años y su marido Roman, odontó-logo. En la Aduana declaró: 38 años de edad, alemana, católica, nacida en Salzburgo. Desde el 14 de noviembre de 1951 dirige la oficina del respon-sable para Latinoamérica de Daimler, Korff, con un sueldo inicial de 1.312 pesos. Sus compañeros de trabajo se enteran que ingresó al país con docu-mentos falsos de la Cruz Roja y que había sido supervisora en un campo de concentración en el este europeo.

Por orden de Binder, Gustav Müller asume la Dirección del Departa-mento de Electricidad en los Talleres Güemes. Probablemente aprendió algún oficio técnico, pero no puede presentar ningún certificado. El apellido "Müller", del supuesto ingeniero, es falso. En su documento de identidad figura como argentino nacido en La Pampa. En 1950 contrae matrimonio en Buenos Aires con una joven de 17 años con la cual tiene dos hijos. "Müller", persona de máxima confianza de Binder, fue dado de baja en Mercedes Benz Argentina tras una agitada discusión. Desde entonces no se le ha visto más en la fábrica. Tampoco su mujer ni sus hijos lo han vuelto a ver. Él no les paga la pensión alimenticia, pero procuró que su cuñado y más tarde también su hijo Pedro fueran empleados por MBA.

Pedro piensa que la misteriosa desaparición de su padre se debe a que fue asesinado. Cuando necesita una partida de nacimiento comprueba que su padre usaba documentos falsificados. Pero Pedro, quien hoy ronda los 50 años y tiene ideas políticas de izquierda, está convencido de que su padre era comunista y que cuando desapareció de la fábrica en 1952, fue asesinado por sus enemigos políticos (de derecha). Pedro no se pregunta si eran o no comu-nistas los que llegaban de Alemania, con papeles falsificados, durante el pri-mer gobierno de Perón. Sólo averigua lo que puede soportar.

Una consulta en el Registro Civil le habría informado que su padre no murió en 1952, sino que se mudó de Buenos Aires. En el marco de esta pesquisa, realicé la consulta y averigüé los posteriores domicilios de Gustav Müller. Su última dirección es en la provincia de Córdoba, cerca de Villa General Belgrano, donde se establecieron los marineros del acorazado Graf Spee, hundido en 1939 en el Río de la Plata. Allí Müller se casa otra vez –sin divorciarse previamente– con una joven de 17 años que no hace muchas preguntas. Con ella tiene ocho hijos más y muere pacíficamente en 1993. Su segunda viuda y los hijos quisieron avisar a los parientes en Alemania del fallecimiento, pero nunca los llegaron a conocer. A pesar de su documento argentino, Müller, hablaba con un leve acento alemán. Les contó que había "renunciado" a su familia alemana. Se exaltaba cuando hablaba de la producción industrial alemana. Dominaba varios idiomas, pintaba.

En la guía telefónica de Córdoba logro localizar la dirección de su segunda esposa. Espera mi visita con mucho gusto, quisiera saber más sobre la identidad de su marido fallecido. Los Müller llevan una vida modesta, la viuda recuerda que a veces no tenían ni para comer. Su marido había sido ingeniero, pero no podía trabajar como tal por no tener un diploma. Seguramente lo dejó en Alemania. Su último empleo, en la gobernación de Córdoba, se lo debe a un amigo.

Según las hijas, su padre era un hombre pacífico, jamás les levantó la mano, nunca hablaba de política. ¿Solía hacer comentarios antisemitas? Ellas no comprenden la palabra "antisemita". ¿Hablaba con desprecio de los judíos? ¡No, por Dios, jamás! ¿Cómo reaccionó cuando los israelíes secuestraron a Adolf Eichmann? No recuerdan.

La conversación, inicialmente amable, parece crisparse cuando se menciona el nombre "Eichmann". La hija menor me grita. ¿Está diciendo que mi padre tuvo algo que ver con ese criminal de guerra? Me quiere echar de la casa. ¿Pero vos no estás interesada en saber la verdad? No, no lo estoy, no esa verdad. ¿No querés, con tus hermanos, conocer la verdadera identidad de tu padre y su familia? ¿Y tal vez, con los documentos verdaderos, obtener la ciudadanía alemana?

La hija menor no contesta, se aleja. Los demás quieren pensarlo tranquilamente. Han escuchado que a principios de los años cincuenta muchos nazis se escondían en la provincia. "Perón exigía a muchos de los alemanes que vivían acá que se cambiasen el nombre", recuerda la segunda viuda. Pero ella nunca preguntó a su marido por su vida anterior. Le gustaría conocer a los parientes en Alemania, pero no quiere conocer nada del pasado político. Me solicitan que cambie su nombre en la publicación.

Hasta ese momento, la segunda viuda no sabía que "Gustavo" había trabajado en Mercedes Benz Argentina. Me pregunta si algún día, DaimlerChrysler dará a conocer el nombre verdadero que figura en la hoja de servicios. Recibo una de las pocas fotos que existen de Müller y se la envío a Heinrich Metz, a su domicilio en Hesse. Al principio niega conocerlo, pero más adelante admite ante miembros de la empresa que Müller integraba la SS.

Notas

[1] Declaración del secretario de Economía, Alfredo Gómez Morales, frente a la Comisión 11, s/f, AGN.

[2] Resumen de la fiscalía de la Junta Nacional de Recuperación Patrimonial, Investa S.A., s/f.

[3] Citado por la sentencia, 20 diciembre de 1957.

[4] Ibíd.

[5] Carta de von Korff al departamento de exportación en Untertürkheim, con fecha 10 de septiembre de 1954, p. 4, archivo Daimler.

[6] Orden de pago del 16 de octubre de 1953 del UBS para Fahr, de la cuenta 405 del UBS a la cuenta 60060/emile en el Banco LEU AG, Zurich. AGN.

[7] Información del Banco Central a la autora, 2003.

[8] Christiane Uhlig y otros: *Tarnung, Transfer, Transit, die Schweiz als verdeckte Drehscheibe deutscher Operationen 1938-52*, publicación UEK, Zurich, 2001, p. 311.

[9] N° de expediente Be, IIM 6216/46, archivo principal del Estado en Hesse.

[10] El decreto de amnistía del 6 de agosto 1946, GVBl, p. 173, dictaminó el cese del proceso de "desnazificación" (*Entnazifizierungsverfahren*), cuando el nacido después del 1 de enero de 1919 no pertenece al grupo I (culpables principales - *Hauptschuldige*) o al grupo II (inculpados - *Belastete*). En Hesse, donde vivía Metz, 311.000 personas aprovecharon esta amnistía.

Capítulo 6

El método: 1951 a 1953

El Ministerio de Finanzas de EE.UU. estima la fortuna nazi escondida al final de la guerra –lingotes de oro y monedas extranjeras– en unos tres mil millones de dólares americanos.[1] Sólo las reservas de oro, confiscadas en los bancos centrales de once países ocupados, sumaban 580 millones de dólares. A esta cifra hay que adicionarle 200 millones que fueron hurtados en Austria y en lo que luego sería Checoslovaquia.[2] Según la British Foreign Office (Cancillería inglesa), el 90 por ciento del "oro nazi" se mantenía en bancos suizos.[3] Un representante de la Oficina de Comercio Exterior del Reich, interrogado por los Aliados, afirmó que desde 1940 se trasladaron a Suiza divisas y otros valores por un valor de dos mil millones de francos suizos.[4]

Las autoridades y los bancos helvéticos boicotean absolutamente todos los esfuerzos de los Aliados por confiscar la fortuna nazi. Declaran haberes menores en cuentas alemanas, no dan información sobre cuentas yacentes y transfieren a los Aliados importes ridículos.[5] Mantienen en secreto el valor de otros bienes así como la participación en empresas disimulada por testaferros. "Mejor no revisar", es la consigna de los suizos que ven peligrar su plaza financiera.

El "lavado" de dinero, según astutos negociantes suizos, sirve como autoprotección, "ha guiado a nuestro país sano y salvo a través de todos los peligros de la Guerra Mundial. De allí proviene el dinero disponible, del cual fluyen enormes créditos extranjeros, sin los cuales no funcionarían nuestras fábricas y nuestros trabajadores pasarían hambre".[6]

Este fue el cálculo de los alemanes: los valores depositados transitoriamente en Suiza durante el régimen nacionalsocialista deben ser reintegrados al circuito de la economía alemana, una vez fundada la República Federal. No se conoce el monto exacto del dinero "lavado" entre 1950 y 1955 en Argentina, probablemente ascienda a miles de millones.

Jorge Antonio no quiere dar cifras concretas. Cuenta que en septiembre de 1955 administraba inversiones de Daimler-Benz por 100 millones de dólares, sin contar los "gastos". El "lavado" de dinero salía caro en ese entonces. La mitad de los automóviles era destinada, por regla general, para el "aparato" peronista. A ello se sumaban los gastos en Suiza y las ganancias de MBA y de las empresas ficticias en Argentina. En la sentencia de segunda instancia contra MBA,[7] consta que por orden de esta empresa el Banco Central hizo transferencias al extranjero, hasta 1955, por un total de 63 millones de dólares. Mientras, solicitudes similares de otras empresas eran rechazadas. Estos 63 millones de dólares significaban dinero lavado, limpio, sin los "gastos" que tuvo que dejar en el camino.

Al responder ante la Comisión investigadora sobre el origen de las inversiones de Daimler, Antonio no tiene pelos en la lengua:

> Los alemanes durante esa época tenían que cumplir muchos requisitos. No podían tener dinero afuera pero lo tenían, como todas las empresas importantes de Alemania, por el problema de las cuatro potencias ocupantes que tenían sobre ellos un control extraordinario. De ahí que eso les permitió a los alemanes obtener un importantísimo crédito [...] las sumas radicadas alcanzan a una cifra superior a los veinte millones de dólares, radicaciones que han sido hechas por intermedio de la Mercedes Benz Argentina S.A. y corresponden a la Daimler-Benz y a radicadores, habiéndose pagado en todos los casos a los radicadores las diferencias entre $21 por dólar y más o menos el valor del dólar en el mercado paralelo, pagos que han debido hacerse.[8]

Antonio sostiene que no le consta que se haya cambiado dinero en el mercado negro. Pero no descarta que los representantes locales de Daimler, Baron Arnt von Korff y Binder, sí lo hayan hecho con los dólares que ingresaron al país en forma ilegal.

Su declaración no puede ser del todo verdad. Él mismo administra gigantescas sumas de dinero en efectivo. En sus cuentas particulares en el Ban-

Resumen de cuenta Jorge Antonio.

co de la Nación y en el Banco de la Provincia de Buenos Aires ingresan sumas astronómicas. El 16 de enero de 1952, por ejemplo, hace un depósito de 200 mil pesos y la semana anterior había depositado 85 mil. En el correr de estos años, por sus cuentas circulan cifras millonarias, en efectivo. *Cash*.

También es un hecho que en la documentación de la empresa no se encuentran comprobantes sobre giros bancarios y el cambio legal en plaza, y que las declaraciones de los testigos tampoco explican el ingreso de este capital al país. Por el contrario, se hallan los resúmenes de la cuenta bancaria de Investa S.A., en los que se observa que los depósitos en efectivo, hechos por el representante de Daimler-Benz, von Korff, son utilizados el mismo día en la compra de paquetes accionarios, que luego son incorporados al imperio empresarial. Estos dólares no cayeron del cielo. De alguna manera han llegado al Río de la Plata y alguien los tiene que haber cambiado a pesos. Una transferencia legal de capital tendría que haber sido efectuada a través del Banco Central. Está comprobado que no fue así. Sin embargo, Antonio y sus amigos alemanes tenían a su disposición millones de pesos, como muestran los movimientos de sus cuentas.

La empresa en Untertürkheim factura los envíos realizados a Mercedes Benz Argentina en moneda fuerte. Por lo general, dólares americanos. MBA efectúa el pago en el Banco Central con pesos. Las declaraciones sobre la cantidad de vehículos en total difieren, obviamente no había un registro central o no quedó un tal registro. En un documento de la Comisión investigadora se habla de 7.817 vehículos hasta 1953.[9] Taxis, limusinas particulares, ambulancias, ómnibus y unos 1.200 vehículos blindados (*unimogs*) declarados como "tractores".[10]

La documentación está incompleta y probablemente la cantidad de vehículos sea mucho mayor. Los coches de Stuttgart lideran el mercado. En julio de 1954 llegan tres mil taxis más de la Serie 170. "Ha sido otorgado el permiso de importación, sin uso de divisas", escribe el director Timmermann al Banco de la Nación. "Los taxis llegan sin armar y sin neumáticos, nosotros los armamos en el taller de montaje en San Martín."[11]

El director de MBA describe las modalidades de pago:

> Para el pago al exportador alemán, esta firma somete a consideración del Banco Central de la República Argentina cesiones de divisas ajustadas a los términos de su circular 1.563. Cuando dicha institución aprueba las cesiones de divisas que le han sido presentadas, esta firma debe abonar a los cedentes el contravalor en pesos moneda nacional de las mismas, a razón de 21 pesos por dólar.[12]

En aquel momento el dólar se cotizaba a 30 pesos en el cambio paralelo. Era por lo tanto un buen negocio para quien disponía de divisas y las cambiaba en negro. Para el Banco Central, un mal negocio.

Por si fuera poco, en algunas liquidaciones el Banco Central ni siquiera se rige por el tipo de cambio oficial, como lo revela un comunicado de MBA a la Dirección General Impositiva. Se trata en este caso de envíos de Daimler para la Fundación Eva Perón –ómnibus y ambulancias– por unos 3,2 millones de dólares. Para el importe en pesos que paga MBA al Banco Central rige la cotización de la fecha en que se firmó el CAAO: 7,5 pesos por dólar.[13] Esto significa un total de 24 millones de pesos. Tomando en cuenta el tipo de cambio de 26,50 pesos en el mercado negro[14] al momento de la entrega (agosto 1954), las pérdidas para el Estado argentino han sido millonarias. Mercedes Benz Argentina y Daimler-Benz registran ganancias monumentales.

Visto desde otro ángulo, el Banco Central paga a los alemanes 3,2 millones de dólares para exportaciones de vehículos, como figura en la factura. El importador, MBA, le paga al Banco Central 24 millones de pesos que en el mercado negro equivalen a 905.660 dólares. O sea: quien dispone de 905.660 dólares recibe en el mercado paralelo 24 millones de pesos, a cambio de los cuales el Banco Central paga una factura de 3,2 millones de dólares.

Cuanto más caras sean las facturas de la automotora alemana, mayor será el importe "lavado". Esto explica los sobreprecios en las facturas del exportador alemán. La oficina responsable para Argentina en Untertürkheim advierte: "La liquidación con MBA es efectuada bajo un régimen especial y no debe ser facturada oficialmente".[15] Una de las consecuencias es la diferencia entre los montos contabilizados en Untertürkheim y en Buenos Aires:

> Estrictamente confidencial: al observar el balance y las transacciones nos preocupaban dos puntos:
> 1. ¿Cómo contabiliza MBA en sus libros los envíos, que nos han sido pagados por vías indirectas, sin conocimiento del gobierno argentino? Y 2. ¿De dónde proviene la colosal cifra de 118 millones de pesos por cobros pendientes? Una parte de nuestros envíos no era abonada a través del mercado negro, como suponíamos hasta el momento, sino que de modo totalmente oficial, con autorización del Banco Central argentino, de la manera que MBA compra haberes argentinos colocados en el exterior a un tipo de cambio de 21 pesos y los transfiere a nuestra cuenta. (Daimler-Benz 18 de marzo de 1954).[16]

Según el contador Francisco Coire, a Daimler-Benz le importaba sobre todo abastecerse de capital fresco, camuflado como "ingresos por exportaciones". En la actualidad, las casas matrices de las grandes empresas declaran ganancias menores para evitar impuestos y reclamar subsidios estatales. Su proceder consiste en comprar caro, según la factura, y vender por debajo del precio, de modo que en la sede comercial, en la casa matriz, se contabilicen ganancias escasas, o incluso pérdidas. Pero en aquella época, no se trata de evadir impuestos ni de obtener subsidios. El objetivo es la "repatriación" de las ganancias logradas por la industria durante el nacionalsocialismo. Daimler-Benz en lugar de otorgar descuentos a su intermediario, le aumenta el precio. Se factura con sobreprecios del 25 por ciento del precio de lista, como testificará más adelante el encargado de compras de MBA, César Rubín.[17] Los envíos, dice Rubín, a menudo superan de manera extrema los importes autorizados por el Banco Central.

En su declaración del 16 de enero de 1956 ante la Comisión 11, Timmermann explica de qué manera eran utilizados esos sobreprecios:[18]

> Los fondos ingresados por este concepto se destinaron principalmente al pago de diferencias a los radicadores de capital. La diferencia pagada ha sido entre el tipo de cambio autorizado por el Banco Central y el realmente pagado y que ha oscilado en un término medio de siete pesos por cada dólar.

"Facturas Pro-forma" se le llama a esto en un escrito de la Daimler-Benz S.A.[19] Con "radicadores de capital" Timmermann se refiere seguramente a aquellos inversores extranjeros que recibían sus ganancias en Argentina al tipo de cambio oficial del Banco Central.

> Muy señores nuestros: les enviamos las facturas Pro-Forma solicitadas, acompañamos a la presente en vez de una factura Pro-Forma, una lista de maquinaria en doble ejemplar que está en el camino hacia Argentina.

Este envío abarca aproximadamente 38 mil dólares. Multiplicado por "pro-forma" da una cifra de 78.226 dólares. "Sobreprecio", se titula la factura.

> El saldo no usado de la licencia Nº 902.391 es tan sólo de US$ 67.307, de manera que falta cubrir con licencia el importe de aproximadamente US$ 11.000.

Los importes "lavados" son gigantescos. Solamente el envío, en el año 1952, de 350 *trolleybuses* asciende a más de nueve millones de dólares, a esto se le agrega el diez por ciento en repuestos. Cada unidad cuesta 26.300 dólares. De lo cual resulta una factura con un valor bruto de nueve millones. MBA recibe además, como comisión, un tercio de la venta de los repuestos. Son importados en total por lo menos 700 *trolleybuses*, recuerda Antonio más tarde. "Monumentos rodantes de la tecnología moderna." Jorge Antonio golpea también las puertas de otras empresas alemanas, cobrando un porcentaje, una "comisión", sobre el negocio.

> Entre los señores Daniel A. Hill, en representación de la Ferrostal [sic] AG de Essen, Alemania, y el Sr. Jorge Antonio, en representación de la MBA S.R.L. se conviene lo siguiente: Ferrostal [sic] AG reconoce a la MBA una comisión de un siete por ciento sobre el monto total de la operación concertada, exceptuando el valor de las unidades provistas por Daimler-Benz AG y un tres por ciento sobre futuros negocios que realice la Ferrostal [sic].[20]

Entre 1950 y 1955 ingresan a Argentina, provenientes de Untertürkheim, por lo menos: 8.000 taxis al precio unitario, a la compra, de 2.000 U$S, da un total de 16 millones; 1.200 *unimogs* al precio unitario a la compra de 5.500 U$S, da un total de 6,6 millones; 1.000 *trolleybuses* a 26.000 U$S por unidad, suman 26 millones; 3.000 ómnibus, ambulancias, camiones y vehículos de servicio, entre otros para la recolección de basura, por un valor promedio de 7.000 U$S por unidad, suman 21 millones. Estos importes totalizan 69,6 millones de dólares.

A esto se le agregan sobreprecios de hasta un 25 por ciento, o sea, unos 1,4 millones más, con lo cual el volumen de importación se estima en 87 millones de dólares. Se le debe adicionar las ganancias de las subempresas del imperio de Mercedes Benz Argentina. En su momento una suma inmensa.

Estos 87 millones son compensados por medio de la cuenta en el Banco Central de Buenos Aires a través de la cual, tal como lo indica el CAAO, se lleva a cabo el comercio exterior bilateral. Al menos en teoría, porque en la práctica las únicas empresas alemanas que pueden meter mano, como lo hizo Ferrostahl en su momento, son las que operan por medio de Jorge Antonio. En caso contrario, los negocios fracasan. El *Gentlemen-Agreement* entre Daimler-Benz y Jorge Antonio –detrás de Antonio está Perón– debe considerarse entonces casi un acuerdo interestatal. Esos 87 millones fluyen hacia el balance de Daimler-Benz como ingresos de divisas y figura en los libros como "reembolso de exportación". Por el otro lado, una parte menor, para compensar las exportaciones argentinas a Alemania (trigo, carne, etcétera), es puesta en la cuenta alemana del Convenio Comercial y transformada en capital recién en Europa, cuando se vende el trigo y la carne.

En Argentina los vehículos importados producen aún más ganancia. Jorge Antonio incrementa el precio de venta en 300 por ciento. Una vez deducidos los costos administrativos para mantener todo el aparato de testaferros en Argentina, la mayor parte de esta ganancia es enviada a Alemania. Negocio redondo para los alemanes.

¿También negocio redondo para los argentinos? Cierto que los vehículos llegan al país, pero ¿no podrían haber sido importados por otros proveedores más baratos? A Jorge Antonio, el peronista, esta pregunta le resulta muy incómoda. Tal vez él nunca se había planteado este cálculo, por ignorar cuánto dinero en efectivo contrabandearon los alemanes en el correr de cinco años. ¿No lo habrá controlado? Prefiere el silencio. ¿Tal vez para no admitir que infringió las leyes del gobierno peronista sobre el control de divisas? Leyes que debió infringir para poder emplear productivamente el dinero nazi en Argentina. Jorge Antonio nos debe esa respuesta.

La operatoria de Antonio encuentra cada vez mayor resistencia en Argentina. En septiembre de 1955, los militares derrocan a Perón y Mercedes Benz Argentina es intervenida. La empresa debe explicar la procedencia de las riquezas acumuladas desde 1943, fecha en que Perón accede al gobierno. Si las explicaciones no son satisfactorias existe la amenaza de expropiación. Al revisar los balances de la empresa, por supuesto, llama inmediatamente la atención que no existen transferencias de capital desde Alemania a MBA que expliquen las inversiones de Daimler-Benz por cientos de millones. Los interventores deducen que, abusando de su poder y a espaldas de los alemanes, Antonio y Perón saquearon sistemáticamente el Banco Central.

Al gobierno militar le importa exclusivamente dejar bien clara la imagen de cuán ladrones son Jorge Antonio y Perón. No le interesa enfrentar a los alemanes ni averiguar el origen de la misteriosa lluvia de dinero. Admiran el arte marcial prusiano y las noticias sobre crímenes nazis y exterminio de judíos son muy escasas. Además, como dicen los inmigrantes alemanes ¿no se tratará en esos casos de "propaganda enemiga"?

Con el golpe militar de 1955 se derrumba también un modelo económico. Hasta ese momento se habían instalado fábricas en Argentina, que producían todo tipo de bienes de consumo. Durante el gobierno de Perón el número de desocupados disminuye, los salarios aumentan y la diferencia de ingresos entre las distintas capas sociales disminuye. El gobierno peronista beneficia a los trabajadores con la licencia anual, el seguro médico, la jubilación, los hoteles de vacaciones y los centros de deportes. El argentino común no presta atención a la procedencia del capital, del mismo modo que no lo hace el alemán común, tratándose del capital que financió el "milagro económico alemán".

Perón y Antonio, ¿sacarían provecho personal de su poder? ¿Eran corruptos? La historia oficial de Daimler-Benz indica que sí, siendo la corrupción un defecto sólo de la parte argentina. Es una explicación bastante cómoda. En esta versión, publicada posteriormente por la empresa en Alemania, Daimler sostiene que no pudo continuar con el saneamiento en la sucursal argentina, ya que a las pocas semanas de tomar la posesión del paquete accionario se produjo el golpe de Estado y la empresa fue intervenida.

> Hubo en Mercedes Benz Argentina irregularidades en las operaciones comerciales, lo cual llevó a Daimler-Benz a adquirir la participación mayoritaria.[21]

Los corruptos son siempre los otros, tal como lo explicita este fragmento de un informe de von Korff al director Könecke:

> Desde hace aproximadamente diez días, el señor Hans Jörg Klotz y su esposa –yerno e hija del señor ministro Erhard– están aquí de visita por unas semanas. Como huéspedes del señor Antonio son tratados con la hospitalidad usual. El señor Klotz, de 34 años de edad, trabaja en la Montanunion en Luxemburgo. Se ha puesto a su disposición un modelo 300 con dirección interior y su participación en una serie de actos, incluso algunos semi-oficiales. Las expectativas del señor Antonio son evidentes, pero según mi punto de vista, sumamente sobrestimadas.[22]

En este lugar se lee un comentario manuscrito –probablemente de Könecke: "¡Exacto!" Más allá de la valoración de expectativas, los hechos hablan por sí solos. Según el protocolo de la reunión de accionistas de diciembre 1958 (que se encuentra en el registro de las empresas de Buenos Aires), el yerno de Erhard, Hans Jörg Klotz, figurará como accionista de Mercedes Benz Argentina, "milagrosamente" salvada después de haber estado intervenida tanto tiempo.

En el informe de von Korff, alguien escribió "vergonzoso" al lado del siguiente párrafo:

> En ocasión de un partido juvenil de basketball, el presidente donó su 300 S Coupé (nuestro regalo de 1952) al mejor jugador. Para no llamar tanto la atención el regalo se oficializó por medio del señor Antonio. Siguiendo el buen ejemplo, a los señores Remorino y Gómez Morales, no les quedó otra opción que donar ellos también los automóviles del modelo 300 S, que nosotros les regalamos.

De los documentos de la Comisión investigadora surge que la mitad de los coches enviados desde Stuttgart eran entregados a la Presidencia.[23] Antonio confirma que esta forma de pago era parte del trato. En una nota, el propio Perón reclama cuatro coches.[24] Con ellos se financian proyectos sociales, se mantienen amistades políticas y se soborna a empleados públicos.

¿Corrupción? Para Jorge Antonio es una pregunta inadmisible. Él es un hombre de negocios y eso es lo que hacía: negocios. Con sus pares cerró un trato de caballeros, un *Gentlemen-Agreement*. ¡A él nadie lo soborna! Mucho menos Perón. Pero es cierto: el soborno es parte del *business*, del negocio. El soborno de los demás.

En un documento del Banco Central –"anexo al permiso de cambio Nº 904.807"– se nombra a treinta jueces y fiscales del Estado a quienes se les "adjudicó" un Mercedes, se detalla el color del coche, el número de motor y el carguero en que es transportado.[25] Le entregó a Antonio una copia del escrito. Sonríe. No quiere hacer comentarios. Pero explica que estas "asignaciones" eran donaciones totales o cesiones contra el reembolso del precio de costo. Un vehículo de la serie 170 cuesta dos mil dólares y se vende a seis mil. Una "cesión" es una venta a dos mil dólares.

MINISTERIO DE FINANZAS DE LA NACIÓN
BANCO CENTRAL DE LA REPÚBLICA ARGENTINA

ANEXO AL PERMISO DE CAMBIO
Nº 904.807

DESTINATARIOS DE LAS UNIDADES AMPARADAS POR EL
PERMISO DE CAMBIO Nº 904.807

Albisetti, Norberto S. - Juez en lo Civil Capital Federal.
Allende, Luis M. - Vocal de la Cámara de Córdoba.
Bambill, Benjamín- Juez de la Ciudad Eva Perón.
Calvo, Horacio - Juez en lo Penal de la Capital Federal
Casaux Alsina, Ismael J.E. - Agente Fiscal en lo Civil Cap. Federal.
Castells Méndez, Rafael - Defensor Oficial ante la Cámara Especial.
Celasso, Arturo Oscar - Juez de Río Cuarto Provincia de Córdoba.
Cirio, Luis Jorge - Fiscal del Trabajo Capital Federal.
Doria, Francisco E. - Juez de Paz de la Capital Federal.
Dosola, Atilio J. - Juez de Paz de la Capital Federal.
Drago, Alejandro J. - Agente Fiscal en lo Civil Capital Federal.
Espiro, Carlos Alberto - Juez en lo Comercial Capital Federal.
Gallardo, Eduardo - Juez de General Roca (Río Negro).
Gil, Octavio - Vocal de la Cámara de Mendoza.
Izquierdo, Waldemar F. - Juez en lo Civil de la Capital Federal
Kennedy, Ricardo J. - Juez de Paz de la Capital Federal.
Lecutza, Salvador - Juez de Corrientes.
Llanos, Miguel I. - Juez de Paz de la Capital Federal.
Páez Allende, Luis - Fiscal de Formosa.
Pellicciotta, José - Vocal Cámara del Trabajo Capital Federal. -
Polito, José - Juez del Trabajo de la Capital Federal.
Rabovich, Liberto - Juez del Trabajo de la Capital Federal.
Rebori, Horacio E. - Defensor de Paraná.
Ríos Centeno, Raúl Horacio - Defensor Oficial de Azul
Risso Coñi, Néstor - Fiscal del Trabajo Capital Federal.
Rodríguez, Joaquín J.I. - Defensor de Santa Fé.
Ruiz, Angel María - Procurador Fiscal ante la Cámara de Rosario.
Somber, Marcos - Juez del Trabajo de la Capital Federal.
Soriano, Carlos R. - Agente Fiscal en lo Penal Capital Federal.
Villanueva, Camilo - Fiscal del Trabajo Capital Federal

BANCO CENTRAL DE LA REPÚBLICA ARGENTINA

CARLOS A. LOPEZ

ANGEL R. FONT Nº 100
SAN MARTIN 170 - T.E. 30-8678-4888   ..../////

Jueces reciben autos.

Los jerarcas del Banco Central también quieren una limusina con la "estrellita". En una carta del 24 de marzo de 1953, el director Timmermann escribe a Untertürkheim sobre los planes de la Municipalidad de Buenos Aires de llamar a licitación pública para la provisión de vehículos de limpieza. "Ya ha solicitado que el Banco Central le acuerde las divisas necesarias, existiendo interés, por parte de algunos funcionarios, de que la provisión se efectúe con vehículos de procedencia alemana." En Untertürkheim no se oponen al pago de esta "provisión".

Se trata de 300 camiones para la recolección de residuos, de los cuales 150 son camiones volcadores con caja compresora, el resto es para barrido sin caja compresora. "Nosotros hemos sabido confidencialmente", escribe Timmermann, "que cierto personal técnico de la Municipalidad no es partidario del sistema KUKA que ya en alguna oportunidad hemos propuesto. En cambio se inclinan por el sistema Haller".

Otros vehículos se destinan a ser sorteados por el sindicato de los taximetristas. Por supuesto surgen irregularidades en el sorteo y, casualmente, los favorecidos son los funcionarios del sindicato. Algunos participan incluso repetidas veces en el sorteo.

Embajadores, periodistas y políticos solicitan a Antonio, elegantemente, no ser olvidados en el reparto. El 3 de enero de 1955, Manuel Aznar, embajador de España en Argentina y abuelo del ex mandatario español, le envía a su "distinguido y querido amigo" una carta, expresando el deseo de poder disfrutar en breve de un Mercedes 220. El embajador debe mantener los modales diplomáticos, por lo que el vehículo debe figurar como enviado desde Madrid. "Si hay una persona en el mundo que pueda dar solución a éste, como a muchísimos otros problemas, esa persona es Vd.".

En la contabilidad de MBA los clientes están ordenados en categorías, según su importancia política y su receptividad. Los porcentajes constan en una nota firmada por el jefe de Finanzas, Francisco Coire, el 24 de enero de 1955. Una rebaja del 50 por ciento es concedida a Clara Borlenghi, esposa del ministro del Interior, Ángel Borlenghi. Otros siete clientes gozan del 30 por ciento de descuento.[26] El listado continúa con la clientela del 25 por ciento y con aquéllos que pagan el importe completo, entre ellos Héctor Cámpora, hombre de confianza de Perón. Otra nota[27], del 9 de agosto de 1954, deja en claro que la factura del excelentísimo vicepresidente de la

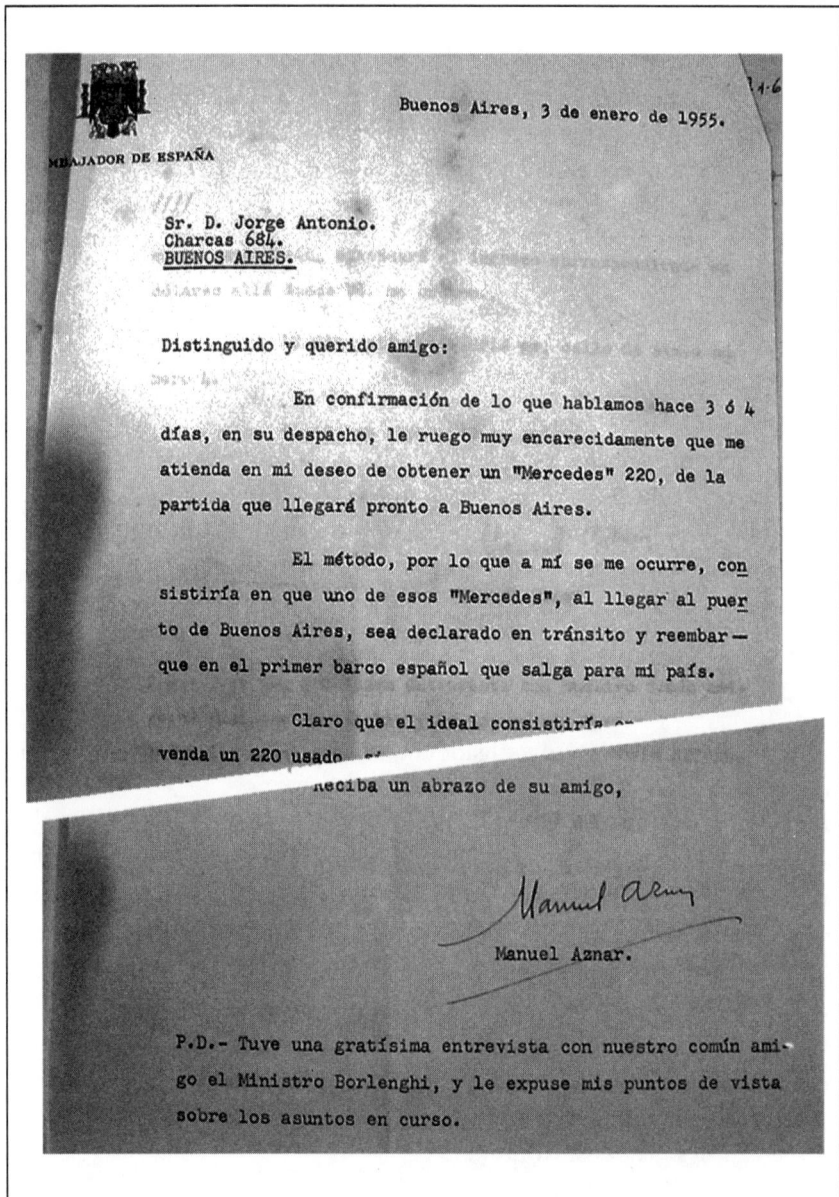

Buenos Aires, 3 de enero de 1955.

MBAJADOR DE ESPAÑA

Sr. D. Jorge Antonio.
Charcas 684.
BUENOS AIRES.

Distinguido y querido amigo:

En confirmación de lo que hablamos hace 3 ó 4 días, en su despacho, le ruego muy encarecidamente que me atienda en mi deseo de obtener un "Mercedes" 220, de la partida que llegará pronto a Buenos Aires.

El método, por lo que a mí se me ocurre, consistiría en que uno de esos "Mercedes", al llegar al puerto de Buenos Aires, sea declarado en tránsito y reembarque en el primer barco español que salga para mi país.

Claro que el ideal consistiría ~~
venda un 220 usado ~~

~~eciba un abrazo de su amigo,

Manuel Aznar.

P.D.- Tuve una gratísima entrevista con nuestro común amigo el Ministro Borlenghi, y le expuse mis puntos de vista sobre los asuntos en curso.

Carta de Aznar a Antonio.

Nación, Alberto Teissaire, y la de Raúl Bevacquas, corren totalmente por cuenta de MBA.

También están bien aceitadas las relaciones con las Fuerzas Armadas, que serán más adelante el principal cliente de MBA. La empresa invita a altos oficiales a Alemania para que se convenzan *in situ* de las exquisiteces de la manufactura bélica alemana. En este "trabajo de persuasión" las ayudas financieras son bienvenidas. La firma Argencer en Francfort, en la cual Rubén Antonio, el hermano de Jorge, regentea los negocios junto a Fritz Könecke, recibe el 6 de agosto de 1954 un comunicado de MBA en donde se le comunica que los visitará.

> [...] una comisión de militares argentinos incorporados a Daimler-Benz S.A. y becados por MBA. Agradeceremos a ustedes dispongan la entrega a cada uno de la suma de DM 1000 mensuales por nuestra cuenta. Asimismo, se ha autorizado el pago de los gastos normales de hotel y subsistencia hasta el máximo de DM 1000 mensuales por cada uno de los cuatro becados. El 50% de estos pagos deberá serles reintegrado por Daimler-Benz S.A. Cualquier compra o gasto de carácter personal será exclusivamente por cuenta de ellos.

Las actas de la Comisión investigadora están repletas de cartas de agradecimiento dirigidas a Antonio por los oficiales.

En Bonn se observa con gran alegría el desarrollo en Sudamérica. Los negocios en Brasil mejoran considerablemente.[28] Pero nada supera la situación en Argentina: hacia allí es destinada más de la cuarta parte de las exportaciones de Daimler-Benz. El plan de Ludwig Erhard, elaborado desde el año 1944, da sus frutos. El máximo "lavador" de dinero de la Nación se transforma en el "padre del milagro económico alemán". Según un comunicado del 5 de junio de 1953, de Könecke a Antonio, Erhard está "sumamente satisfecho sobre los resultados de nuestro trabajo en conjunto". "Me concede todo su apoyo en lo que refiere a actuales negociaciones de contratos mercantiles. Saludos, Könecke".[29]

Notas

[1] Citado por Giordano, p. 395.

[2] Informe Stuart Eizenstat, mayo de 1997, op. cit.

[3] *Financial Times* 11.09.1996, "Swiss face pressure...". El banco de Inglaterra calcula el *Nazi-Gold* depositado en bancos suizos en 550 millones de dólares, más los depósitos en moneda extranjera. Según este informe, los bancos suizos entregaron a las autoridades estadounidenses e inglesas solamente una ínfima parte: una cifra de 60 millones. Esa cifra no incluye las cuentas bancarias "sin dueño", de los judíos.

[4] Karl Heinz Roth: "Wirtschaftliche Vorbereitungen auf das Kriegsende und Nachkriegsplanungen", en: Dietrich Eichholtz, *Geschichte der deutschen Kriegswirtschaft 1939-1945*, T. III: 1944-1945, Berlín, 1996, cap. VI, pp. 509-611.

[5] *Wochenzeitung*, Zurich, N° 25, 21 de junio de 1996.

[6] Uhlig y otros: op. cit., p. 36, la cita se refiere a la Primera Guerra Mundial.

[7] Sentencia de la segunda instancia, expediente N° 6430, MBA s/interdicción Registro 4, Juez Adolfo Gabrielli, 19 de febrero de 1959, p. 715, Archivo de las Sociedades Anónimas, Buenos Aires.

[8] Jorge Antonio ante la Comisión 11, 29 de noviembre de 1955. AGN.

[9] Listado hecho por MBA el 27 de noviembre de 1953, AGN.

[10] Carta de MBA del 12 de diciembre de 1952, al presidente del Banco Central Argentino, suscribe Timmermann, solicitud para la adjudicación de 4,4 millones de dólares, AGN.

[11] Timmermann al Banco de la Nación, 16 de julio de 1954, AGN.

[12] Ibíd.

[13] Carta de MBA, 19 de agosto de 1954, dirigida a la DGI, AGN.

[14] Memorando del Banco Central Argentino, 8 de agosto de 1957, AGN.

[15] Memorando del 9 marzo de 1953, Untertürkheim, oficina responsable de Argentina, archivo Daimler.

[16] Número Fx/Ld. archivo Daimler, en expediente (Bestände) Könecke.

[17] Declaración del 14 de diciembre de 1955, de César Rubín ante la Comisión 11, AGN.

[18] AGN.

[19] Carta del 30.12.1954 a MBA, firmada por Könecke. AGN-C11.

[20] Folio 43, Comisión 11, contrato de noviembre de 1951.

[21] Feldenkirchen, op. cit., p. 232.

[22] Carta de von Korff del 10 de septiembre, a la Dirección del Departamento de Exportación. Archivo Daimler.

[23] El Banco Central escribe el 10 de mayo de 1955 a MBA: "Tenemos el agrado de dirigirnos a Vds. En respuesta a las presentaciones que han efectuado ante este banco tendientes a obtener el otorgamiento de permisos de cambio, sin uso de divisas, para la importación de 1.000 automóviles Mercedes-Benz modelos 180 y 220, por un valor aproximado de 3 millones de dólares. (...) Se asigna a MBA S.A. una cuota para su libre disponibilidad, equivalente al 50% de la importación. Las unidades restantes se entregarán a los beneficiarios de las órdenes que emita el señor Intendente de la Residencia Presidencial".

[24] Carta del 29 octubre de 1953, a pedido de Perón el señor Dr. Manuel Antonio Fresco tiene que recibir un coche Mercedes-Benz, modelo 170. Según las informaciones de la Comisión 11 este coche más tarde fue vendido. AGN.

[25] Destinatarios de las unidades amparadas por el permiso de cambio Nº 904.807: Albisetti; Allende; Bambill; Calvo; Casaux; Castells; Celasso; Cirio; Doria; Dagola; Drago; Espiro; Gallardo; Gil Izquierdo; Kennedy; Leguiza; Llanos; Páez; Allende; Pelliciotta; Polito; Rabovich; Rebori; Ríos Centeno; Risso; Rodríguez; Ruiz; Seeber; Soriano; Villanueva. AGN.

[26] Aloe Dante; Duarte de Arrieta; Juana de Duarte; Edelmiro Farrell; Carlos Hogan; Oscar Nicolini; Humberto Sosa Molino. AGN.

[27] Taller Güemes. AGN.

[28] El método es el mismo en otros lugares, en Brasil y en Argentina. Pero en Argentina las condiciones políticas eran mejores para los alemanes. La primera venta a Brasil se realiza en 1949, 1.000 camiones montados en Brasil. En octubre del 1953, se funda Mercedes-Benz do Brasil. Está planificada una fábrica de camiones. Junto con un hombre de negocios se crea la financiera "Brasfinanz S.A." con un capital inicial de 4 millones de francos suizos, la sede de la Sociedad está en Glarus, Suiza. Recién en 1966, Daimler-Benz consigue pleno control sobre Mercedes-Benz do Brasil. Citado por Feldenkirchen, p. 231.

[29] Telegrama del 5 de junio de 1953, Via Radiona, AGN.

Capítulo 7

El perfeccionamiento del método: 1953 a 1955

Argentina va cuesta abajo. Eva Perón, la venerada heroína de los pobres, muere en 1952 de cáncer. Finalizada la guerra de Corea, los precios de las materias primas caen en el mercado mundial. La población protesta y Perón debe exhibir algunos éxitos. Presiona entonces a sus amigos alemanes. Argentina ha cumplido con su parte en el compromiso del *Gentlemen-Agreement:* alojó generosamente a los nazis y les facilitó documentos de identidad falsificados. No puso piedras en el camino de su nueva existencia. A pedido de Haspel y de Binder, Antonio emplea a los "especialistas" alemanes, entre ellos —como él admite— a los criminales de guerra.

Gracias a la exportación a la Argentina de miles de vehículos Daimler-Benz, se crean puestos de trabajo en Alemania. Otras empresas alemanas, con la intermediación de Antonio, hacen negocios brillantes a pesar de encontrarse intervenidas como "propiedad enemiga". Son favorecidas en las licitaciones, aun cuando la competencia ofrece mejores precios. Por lo menos 63 millones de dólares ingresaron a Daimler-Benz por concepto de exportaciones. *Fresh money.* Capital fresco.

Pocos años después de perder la guerra, los alemanes adquirieron supremacía política y económica en Sudamérica. Para la parte argentina el resultado no es tan positivo. Mediante la Daimler-*Connection* apenas se ha progresado hacia la meta planteada inicialmente: la transferencia de tecnología. La construcción de fábricas y el florecimiento del mercado interno derivan fundamentalmente del esfuerzo nacional y la tecnología de punta brilla por su ausencia. Los vehículos se importan como productos terminados o en autopartes para su montaje. No hay fabricación propia. Se reclama entonces, de una buena vez, la fábrica prometida.

Perón adopta una línea dura –comportamiento impensable actualmente, en tiempos del neoliberalismo, especialmente en el hemisferio sur–. El Directorio de Daimler comenta:

Aún no se concedió el permiso de montaje. Se nos quiere clavar con la "fabricación", antes de concedernos las licencias para el ingreso de las piezas de montaje.

Debemos proceder sin reservas con la fabricación de camionetas para poder exhibir algo, aunque sean sólo ejemplares de muestra que, por mí, pueden ser hechos a mano. Recién cuando en la práctica esté demostrado lo que es viable y lo que no, nos dejarán tranquilos y se mantienen las exportaciones no poco interesantes.[1]

Por supuesto que Antonio se percata de la táctica dilatoria. Amenaza con recurrir a la competencia. Al principio, Korff, el hombre de confianza de Daimler en Argentina, se expresa con sorna:

Argentina se ha vuelto atractiva para hombres de negocios de EE.UU. Además de la gente del petróleo y del secretario de Estado Holland, estuvo aquí Henry J. Kaiser. En América todo el mundo sabe que Kaiser no vale mucho, que tiene complicaciones y que es de lo peor en el área automotor de EE.UU. Yo di a entender muy claramente, que no pensamos en lo más mínimo en un trabajo en conjunto con Kaiser, o con otras empresas americanas. Que nosotros en 1945, hemos levantado nuestras fábricas de las ruinas, solamente con nuestro propio esfuerzo –contra todos los embates– y que por tanto, hoy no tenemos ninguna necesidad de entablar ese tipo de relaciones, más bien parece ser a la inversa. [2]

Korff se apresuró con su altanería. La amenaza de Perón no era en vano. En el mes de octubre de 1954, Korff hace sonar la alarma en Daimler-Benz:

Anteayer el gobierno argentino firmó un contrato con el grupo Kaiser. Está prevista la construcción de una fábrica de automóviles en Córdoba. Se programa la fabricación de 40 mil automóviles al año. Esto significa un sensible golpe para nuestro negocio de automóviles. EE.UU. pretende recuperar el terreno perdido en Argentina. Esta batalla, por ahora, la hemos perdido. Por eso, ahora más que nunca, se hace imprescindible la presentación de un efectivo proyecto de fabricación.[3]

El Convenio comercial Argentino-Alemán firmado por Ludwig Erhard no establece que sólo una de las partes realice exportaciones, sino que exista un balance comercial equilibrado. Alemania no puede exportar ilimitadamente vehículos y maquinaria a Argentina, también debe importar mercancías desde Argentina. Procurando disminuir la transferencia de divisas, las exportaciones y las importaciones se compensan a través de "la cuenta" en el Banco Central. Si desea continuar exportando, Daimler-Benz debe importar.

Además, las importaciones son necesarias. Argentina produce alimentos, trigo y carne que Alemania compra, inicialmente para el consumo interno, y luego para su reventa a terceros países. La exportación de trigo estaba en manos de las empresas Dreyfus y Bunge & Born, hasta que Perón estatizó el comercio exterior, sacándoles de las manos un negocio de miles de millones. También las empresas de compraventa de trigo creadas por Antonio con capital alemán tienen prohibido el comercio con el exterior. Aunque Perón les ha dejado abierta una puerta trasera a la medida. Las empresas privadas embolsan el trigo en los depósitos portuarios y lo que cargan en los barcos es totalmente contabilizado en su cuenta, como si fuera su negocio de exportación.[4]

Aquí coinciden los intereses de ambas partes. Los alemanes disponen de gigantescas sumas de dinero argentino para invertirlo productivamente. El "lavado" de dinero se profesionaliza. Es necesario crear una empresa financiera propia. La formación de nuevas sociedades anónimas implica muchas molestias y demora demasiado. Entonces, se compran empresas que están en vías de disolución y se integran sus directorios con gente de la empresa. El gran negocio del trigo no puede aplazarse.

El 15 de noviembre de 1953, el director Könecke le escribe a Antonio una carta de tres carillas en la cual acusa recibo de una factura:

El monto total de nuestras inversiones se elevaba a la suma de pesos argentinos 182.809.750 de las cuales 41.702.766 se hallaban invertidos en activos de esa empresa [Mercedes Benz Argentina], 24.106.661 en otras empresas y pesos 117.000.322 pendientes de inversión. En esta primera etapa iniciada en 1952, y visto que su magnífica evolución comercial hace innecesario, prácticamente, el mantenimiento en su firma de inversiones fijas tan elevadas, hemos pensado crear en la Argentina una empresa financiera que se hiciera cargo de todos los fondos correspondientes a nuestra inversión. Nosotros tendríamos la mayoría del capital, pero podrían ustedes o sus amigos ingresar también como accionistas, si lo estimaran conveniente. De acuerdo con nuestros cálculos esa empresa podría iniciarse con un capital de pesos 40 millones que ustedes transferirían a medida de sus disponibilidades de caja. Dicho capital podría ser fácilmente aumentado a, digamos, 100 ó 200 millones de pesos. Dicha nueva sociedad financiera podría tener también el carácter de inmobiliaria y mandataria, ya que es nuestro propósito dedicarla a efectuar inversiones en propiedades, inmuebles, acciones, financiación y préstamos comunes. El Sr. Lohner irá a Buenos Aires con instrucciones precisas. Hemos pensado designar al barón Arnt von Korff. Los gastos, impuestos y sellados y el primer período de funcionamiento, le rogamos se sirvan abonarlos por nuestra cuenta, debitándolos en nuestra cuenta Inversiones. Deseamos que el Sr. barón von Korff presida la nueva empresa, nos agradaría mucho que tanto usted como los colaboradores Dr. Timmermann, Sr. Gómez, Dr. Roig e Ing. Sup. Binder integren el Directorio. Nuestra firma, reconociendo la extraordinaria labor realizada en nuestro beneficio por usted, labor que ha redundado en un incremento inesperado de nuestras exportaciones a la Argentina, ha pensado asignarle una participación en acciones de la nueva empresa financiera. La cifra no ha sido fijada aún, pero como pensamos realizar una visita el próximo año, tendré el gusto de darla personalmente.[5]

El instrumento principal en el "lavado" de dinero en Argentina será Investa S.A. bajo la dirección de Binder y de von Korff.[6] El barón Arnt von Korff, miembro del NSDAP desde el 1º de mayo de 1933, era apoderado de Daimler-Benz desde 1943 –"un nuevo impulso", escribía entonces la empresa y saludaba con "*Heil* Hitler"–.[7]

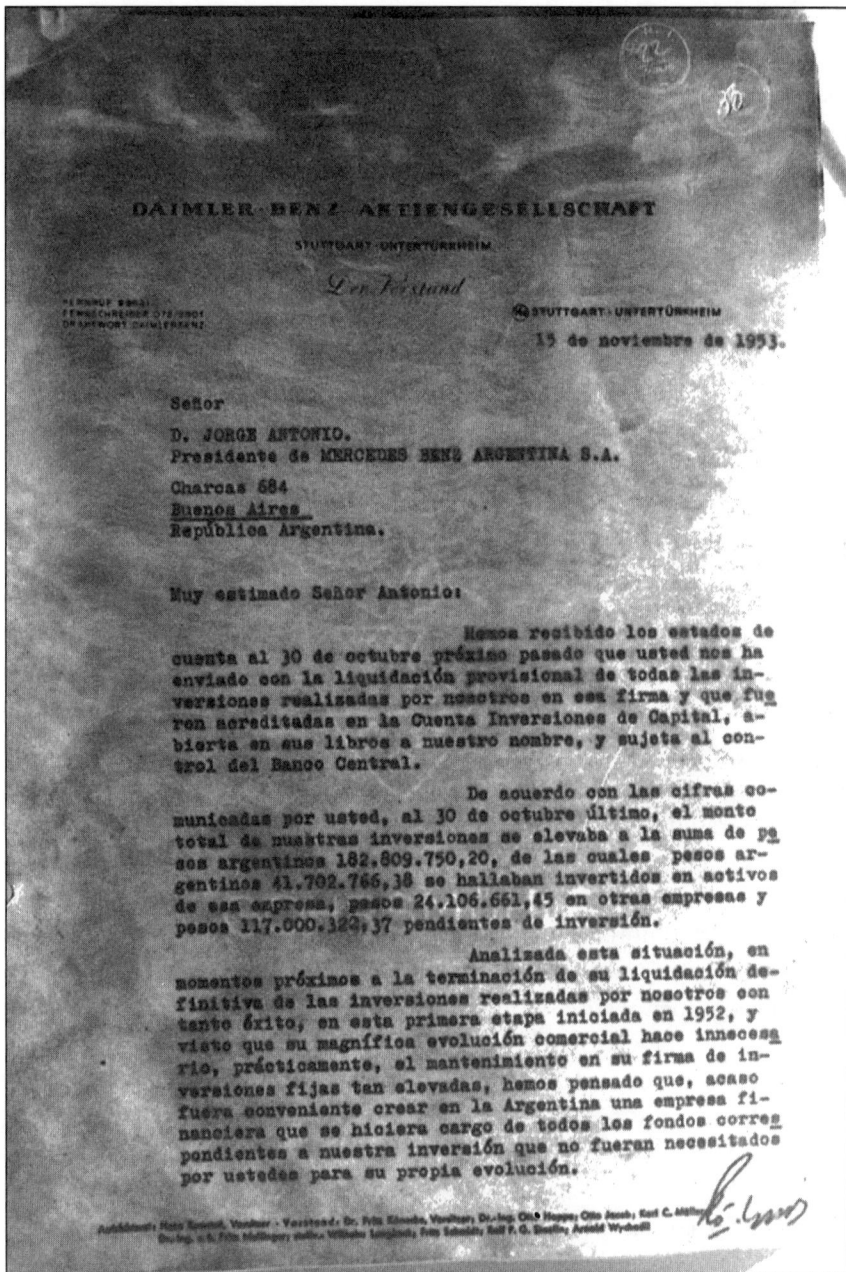

DAIMLER-BENZ AKTIENGESELLSCHAFT

STUTTGART-UNTERTÜRKHEIM

Der Vorstand

STUTTGART-UNTERTÜRKHEIM

15 de noviembre de 1953.

Señor
D. JORGE ANTONIO.
Presidente de MERCEDES BENZ ARGENTINA S.A.

Charcas 684
Buenos Aires
República Argentina.

Muy estimado Señor Antonio:

Hemos recibido los estados de cuenta al 30 de octubre próximo pasado que usted nos ha enviado con la liquidación provisional de todas las inversiones realizadas por nosotros en esa firma y que fueron acreditadas en la Cuenta Inversiones de Capital, abierta en sus libros a nuestro nombre, y sujeta al control del Banco Central.

De acuerdo con las cifras comunicadas por usted, al 30 de octubre último, el monto total de nuestras inversiones se elevaba a la suma de pesos argentinos 182.809.750,20, de las cuales pesos argentinos 41.702.766,38 se hallaban invertidos en activos de esa empresa, pesos 24.106.661,45 en otras empresas y pesos 117.000.322,37 pendientes de inversión.

Analizada esta situación, en momentos próximos a la terminación de su liquidación definitiva de las inversiones realizadas por nosotros con tanto éxito, en esta primera etapa iniciada en 1952, y visto que su magnífica evolución comercial hace innecesario, prácticamente, el mantenimiento en su firma de inversiones fijas tan elevadas, hemos pensado que, acaso fuera conveniente crear en la Argentina una empresa financiera que se hiciera cargo de todos los fondos correspondientes a nuestra inversión que no fueran necesitados por ustedes para su propia evolución.

Carta de Daimler a Jorge Antonio.

El capital inicial de Investa S.A. es de 8 millones de pesos y casi la mitad está a nombre de Antonio. Von Korff posee 2,4 millones y el resto está en manos de conocidos testaferros: Gómez, Timmermann, Amboldi, Roig, López Santiso, Rubín, Rubén Antonio y Romero. Repentinamente el capital aumenta en 32 millones que provienen del responsable por Latinoamérica von Korff. Más adelante admiten que ninguno compró las acciones con su propio dinero. La propietaria verdadera es Daimler-Benz S.A.

A partir de 1953, Korff derrama una lluvia de dinero en efectivo en las cuentas de Investa. Con gran estilo, adquiere inmuebles, otorga créditos hipotecarios y compra acciones de otras empresas (Suranor S.A., Fahr S.A., Talleres Güemes, Deutz S.A., Banco Continental, Inyecto Magnet S.A. y otras).

En ningún momento Daimler-Benz da explicaciones sobre el origen de esta lluvia de dinero en efectivo. Pero los señores directores empiezan a viajar muy a menudo. El 27 de abril de 1953, Könecke, Wychodil y el barón von Korff llegan a Buenos Aires en el vuelo SK 955 de la aerolínea SAS, procedente de Montevideo. La capital de la "Suiza de América" es considerada una plaza financiera estable, donde se comercializa el peso argentino en el cambio paralelo. La aduana argentina solicita a los viajeros una referencia local: el trío nombra una: "Jorge Antonio". Con eso es suficiente.

Posteriormente, Daimler-Benz exhibe un certificado del Ministerio de Economía alemán,[8] según el cual envió a Argentina 3,9 millones de dólares por concepto de utilidades y compensaciones por el uso de patentes. En otras palabras: durante seis años de inversión real, Daimler-Benz S.A. no ha hecho las correspondientes transferencias de capital a Argentina en forma legal. Sin embargo, Jorge Antonio administró hasta septiembre de 1955 –en nombre de la empresa de Untertürkheim– un imperio de 100 millones de dólares. Los movimientos de la cuenta de Investa S.A. en el Banco de la Provincia de Buenos Aires lo muestran con claridad. En resumen:

5.11.54: depósito del barón von Korff, + 4.550.000 Pesos.

5.11.54: adquisición de acciones de Suranor S.A., – 4.500.000 Pesos.

3.1.55: depósito de distintos accionistas, + 4.000.000 Pesos.

7.1.55: depósito de von Korff, + 5.300.000 Pesos.

10.1.55: adquisición de acciones de Talleres Güemes, – 9.300.000 Pesos.

Se compran paquetes de acciones de sociedades anónimas en quiebra y los nuevos representantes se hacen cargo de ellas.

Un ejemplo: la empresa industrial minera COAR S.A. había sido fundada en 1942 con un capital inicial de 60 mil pesos, pero nunca prosperó. El incremento de capital, en abril de 1950, tampoco la salvó de la quiebra. En febrero de 1952, MBA se hace cargo y es sustituida toda la junta directiva. Timmermann y Kawabata asumen como directores y se aumenta el capital a 10 millones de pesos con opción a 50. De los diez millones invertidos, 9,6 pertenecen a Consigna S.A., otra empresa de Antonio. La inversión es pagada en efectivo. Más adelante todos los accionistas declaran que no eran realmente propietarios de las acciones y que tampoco recibían los dividendos.

Francisco Coire, jefe de Finanzas, es junto a Timmermann el hombre más importante para Antonio. Posee el *know how* necesario y las vinculaciones adecuadas. El contador público se especializó en el Banco Central a partir de 1946. En 1949, con un sueldo de 2.300 pesos, abandona su puesto de encargado de la sección "Inversiones" y asume la misma responsabilidad en la sección "Tipos de cambio y monedas" en el Ministerio de Finanzas, con un sueldo de 5.500 pesos. Allí lo selecciona el ministro de Economía y lo asciende a director. En marzo de 1953 renuncia al cargo. Quiere ganar buen dinero. Bajo el techo de Mercedes-Benz, abre su propio estudio contable desde donde coordina con varios empleados los negocios financieros de MBA.

Coire se desempeña como directivo en varias empresas ficticias. A sus empleados les paga sueldos de 3.000 a 3.800 pesos y les hace firmar recibos por valores superiores. De ese modo se contabilizan egresos mayores en Argentina y se alimenta una caja negra.[9]

Tampoco son pagos reales las altas retribuciones anuales aprobadas por las asambleas para los directores de COAR. Con la única excepción de los 300 mil pesos que recibe el director general Jorge César Ballestrasse, por su actividad durante dos años. Según su declaración como testigo, se trató de una remuneración por única vez ya que su sueldo regular era de 6.000 pesos mensuales.

Cada vez se precisan más testaferros para las empresas incorporadas al imperio MBA. Casi siempre se recurre a compinches o familiares de Antonio. Figuran como accionistas y directores y no caen precisamente en la pobreza. Por ejemplo Rafael Naya, cuñado de Antonio y presidente de las empresas Deutz, SIADA y All Services. César Rubín, otro cuñado de Antonio y co-fundador de MBA, es director en Fahr, Plasmetal y TAM S.R.L. Repetidas veces figuran también los nombres Timmermann y Gómez. Y por supuesto los representantes alemanes de Daimler-Benz, barón Arnt von Korff y Karl Friedrich Binder.[10]

Los jueces, años más tarde, suman las acciones de estas empresas controladas por MBA y llegan a una cifra superior a los 75 millones de pesos.[11] La Comisión investigadora del gobierno militar estima las inversiones en 150 millones, aunque en otra parte se habla de 3 mil millones. Esta cifra Antonio la considera realista. En total trabajan 4.500 personas en su imperio: en el montaje, en la carga, en los cambios de monedas, en la agricultura y en la industria minera. A partir de su empleo en la automotora Aguirre, Mastro & Cía, con 600 pesos de sueldo, Antonio logró en pocos años una fortuna asombrosa. Muchos de sus amigos le han ayudado. Amigos a los que les debe favores y que a su vez le deben a él. Jorge Antonio, en su interrogatorio del 29 de noviembre de 1955, lo explica así:

Un día, el señor Nicolini, ministro de Comunicaciones, me llamó diciéndome que quería comprar una sociedad anónima y si le podría aconsejar alguna operación, contestándole que teníamos una sociedad recién comprada que podríamos venderle para que él tuviera en ella las cosas y de su esposa, como quería. Me indicó Nicolini que no tenía inconveniente en que yo mantuviera el control de esa sociedad que él adquiriría, quedándome con la mayoría de las acciones, designando Presidente de esa sociedad, que es Cofindus S.A., al señor Bonamusa, amigo personal mío. Esta sociedad hizo sucesivos aumentos de capital, por parte de Nicolini y por mi parte, con dinero de propiedad de un grupo de personas alemanas, en cuya representación actúo pues las acciones son de ellos y no mías. Con el dinero de dichos señores se adquirieron tierras en la zona de Campana. Estas inversiones de gente de la Daimler-Benz en Cofindus se hicieron en el año 1953 aproximadamente. En la Daimler-Benz hay una orden para que esas acciones Cofindus deban estar siempre en manos de una persona de absoluta confianza. En otro viaje que hice a Alemania, se me comunicó que un funcionario de una Embajada podía ser que me pidiera le entregara estas acciones de Cofindus. Hasta la fecha nadie se ha presentado con tal pedido.[12]

La sociedad anónima Fabar, para la compraventa de trigo, resultó ser especialmente lucrativa. Ya que el comercio exterior se encuentra estatizado, la participación de las empresas privadas se limita al embarque de las mercancías. Los ingresos por este servicio resultan irrelevantes. En cambio, importa que el volumen total de la estiba es asignada en su haber, para compensar la cuenta en el Banco Central. La finalidad es tener un balance comercial equilibrado. Desde el principio Fabar S.A. saca enorme ventaja al comerciante tradicional de trigo Dreyfus.

Según la documentación de la Comisión investigadora, los montos pagados a Fabar S.A. por la tarea de embarque de trigo son transferidos a una cuenta alemana de la empresa Argencer. Un nuevo movimiento de capitales hacia Alemania. Argencer es una firma de exportaciones e importaciones con sede en Francfort. Rubén Antonio, el hermano de Jorge, es el gerente. En el consejo de administración figura el director de Daimler, Fritz Könecke.[13] Desde Francfort, Rubén Antonio dirige también la oficina de la compañía financiera argentina Conex en Zurich. En la práctica, también Daimler-Benz desarrolla sus negocios financieros a través de Conex. No se tiene conocimiento de los montos depositados por Daimler-Benz en la cuenta de Conex. La Empresa guarda silencio al respecto.

En Conex el capital va y viene. Existieron dos empresas con ese nombre: la firma argentina "Conex Cia. Continental Exchange" (algunas veces escrita "Konex") y la firma suiza "Schweizer Konnex AG" (S.A.),[14] fundada en 1955 por Alberto Caprile, un eficaz testaferro de Rubén y Jorge Antonio.[15] Sobre el "lavado" de dinero en el triángulo Suiza - Alemania - Argentina, Coire, el jefe de finanzas de MBA, declara, el 16 de noviembre de 1955, detenido e incomunicado, lo siguiente:[16]

A raíz de la visita al país del ministro de Alemania Erhard, se vio la conveniencia de que firmas exportadoras de Argentina trataran de intensificar el comercio con Alemania. Entonces Antonio me habló de si era posible constituir aquí una empresa exportadora. Le dije que constituirla era difícil, pero que había aquí firmas que podían comprarse y con el aporte técnico de la misma gente tendiendo a incrementar exportaciones argentinas a Alemania, ello tendía a achicar el desequilibrio de los cambios argentinos y alemanes existentes. Fue así como entré en contacto con Barbera, tratando la compra de la firma de él, Fabar. [...] El aval que Mercedes-Benz dio a los pagarés por mitad de precio.

Pregunta: ¿Qué vinculación existe con la empresa Argencer, en Alemania?

Argencer fue una firma creada en Alemania para actuar como agente de Fabar.

Pregunta: ¿Y a qué se debe que los porcientos de ganancia de Fabar sean acreditados por Argencer en Alemania? Fabar importaba más tonelaje que la firma Dreyfus.

Hay un error óptico. Fabar tuvo el trabajo de embarque de trigo o de maíz. Cuando una firma actúa como embarcadora, el tonelaje se le acredita como exportadora. En ese caso era una venta de IAPI a Polonia. Argencer fue creada en mayo de 1954. El directorio lo integraban el presidente d'Alkaine, Köning, el presidente de Deutz y Jorge Antonio. El problema principal de las firmas alemanas es el desequilibrio del balance de pagos entre Alemania y Argentina. Cuanto menos exporta Argentina a Alemania, tanto menos puede exportar Alemania a Argentina.

En noviembre del 1955, según sus propias declaraciones, Coire es propietario de un paquete de acciones de 600 mil pesos, además de su mansión en Martínez. A Jorge Antonio lo conoce desde 1951, desde el inicio de la "lavandería" de dinero. Coire ya ganaba muy bien como funcionario jerárquico en el Banco Central y luego en el Ministerio de Economía y Finanzas. Pero se volvió rico con Mercedes-Benz. Admite que cobra entre 5 y 15 mil pesos mensuales por maquillar los balances de Talleres Güemes, Fahr, Suranos, COAR, Mecánica Rural y SIADA. Dice haber adquirido de su propio bolsillo acciones por 280 mil pesos en Taiqud y por 400 mil pesos en MBA. Este último paquete de acciones, sin embargo, le pertenece a él tan poco como las que adquirió en la financiera Investa por 500 mil pesos.

Pregunta: Usted figura concurriendo a la última asamblea general ordinaria del 29 de abril de 1955 representando 4,5 millones de pesos.

Coire: Ese dinero no era mío. Cuando iba a haber asamblea, el señor Antonio quiso que entrara como director. Después supe que eran acciones que correspondían a un grupo alemán. Lo único que tuve han sido honorarios del estudio, que empezaron siendo 15 mil pesos y luego 20 mil. Y luego, el Sr. Antonio nos hizo un obsequio de un coche Mercedes-Benz.

Pregunta: ¿Conoce la firma Conex de Zurich?

Coire: Sí. Conex fue una firma que se organizó en Zurich para actuar también como empresa financiera. Figuran como accionistas tres señores suizos. Caprile está en Conex, empleado de mi estudio, de allí pasó a Argencer y de allí se fué a Zurich. Conex fue creada por el hermano de Jorge Antonio, Rubén Antonio en Zurich para actuar como empresa financiera.

Pregunta: ¿Por qué razón se derivaba el 10% de la fabricación de tractores de Fahr sobre el precio FOB a Conex?

Coire: Conex era agente financiero. Conex intervenía para las financiaciones. Para eso estaba organizada.

Pregunta: ¿Una sociedad anónima financiera de la Argentina evadía divisas y las establecía en Suiza?

Coire: No, el costo de los créditos.[17]

Coire también sabe del origen ilegal de los fondos invertidos por Daimler-Benz. Es precisamente por esa razón que la Empresa alemana recurre a testaferros.

Coire: Empecé la relación cuando hice el estudio en abril o mayo del 1953. [...]

Pregunta: ¿Antonio era su principal cliente en el estudio y últimamente su único cliente?

Coire: Sí. En mi estudio trabajaba Alberto Caprile, auditor. Entró con 2.800 Pesos. Se fue al exterior, a Suiza. Es decir, él se fue a Alemania a trabajar en Argencer. Caprile en Suiza está en una firma Silogran, una agencia de Nueva York, fue formada con un préstamo de cien mil dólares que hizo Trade and Shipping Corporation.

Pregunta: ¿Por qué no actuaba personalmente la Daimler Benz y lo utilizaba a Atilio Gómez?

Coire: El motivo era que en aquella época todavía las firmas alemanas estaban bajo el control económico de las potencias aliadas y entonces era un poco difícil hacer inversiones en el exterior a nombre propio. En aquella época el planteo era este: iban a invertir ocho millones 500 mil dólares y el aporte era en chassis, en unos pocos automóviles, en máquinas y la mayor parte en camiones y chassis para camiones pick-up.

De qué manera se realizaban los pagos es algo que Coire no revela a sus interrogadores. Las finanzas de Mercedes Benz Argentina habrían sido manejadas siempre personalmente por Jorge Antonio. Coire habría actuado como síndico sólo en la construcción de la fábrica en González Catán.

Su comportamiento durante el interrogatorio es comprensible. Está detenido y teme una sentencia. Reconocer el contrabando de dólares salteándose las leyes de divisas y el cambio luego en el mercado paralelo, significa someterse junto a sus compinches a la justicia penal.

Llama la atención la diferencia que hace entre "inversión" y "radicación". En una "radicación" los inversores locales adquieren bienes con sus ganancias en pesos. En cambio, en una "inversión" son empresas extranjeras las que se incorporan con la venta de divisas,[18] cambiadas a pesos en el Banco Central. Coire admite, al menos en términos generales, que de las ochenta empresas argentinas que en aquel entonces ofrecieron "radicaciones", solamente doce o trece eran "reales". Todas las demás eran ilegales, porque el dinero había sido cambiado en el mercado negro. En el Banco Central hubieran obtenido un cambio mucho menos favorable.

A partir del exitoso inicio de las importaciones de automóviles, Mercedes Benz Argentina decide ampliar sus negocios. Un permiso de importación de 60 mil televisores despertó especial envidia en la competencia estadounidense. General Electric anhela realizar el negocio. Dada la dificultad para obtener los permisos de importación, la empresa americana presentó una solicitud sólo por 3 mil aparatos.

En un interrogatorio posterior, Coire recuerda ante la Comisión investigadora que en aquel momento aún trabajaba en el Ministerio. Supuestamen-

te ya estaba todo acordado cuando él puso su firma. Se presentó un señor
Jorge Carlos d'Alkaine, solicitando al Banco Central un permiso para 50 mil
aparatos, de los de pantalla grande, los más pedidos. La firma Evans, representada por d'Alkaine, provee los televisores a un precio unitario de 120 dólares. La oferta de Standard Electric es rechazada y el permiso es concedido a
d'Alkaine.

Evans, el exportador de los aparatos, los factura a 66 dólares la unidad
incluyendo el transporte –por debajo del precio de venta en su lugar de
origen–. El Banco Central tasa el valor unitario en 82 dólares, a los que se
agregarán las tasas aduaneras y los impuestos de importación. El precio de
compra real para el importador es de 120 dólares. Luego los aparatos son
comprados y vendidos reiteradamente entre las empresas ficticias, cada vez
a mayor precio hasta ascender a 200 dólares. Así el dinero oculto sale a la
luz, se va lavando al circular de una firma a la otra cada vez a mayor precio.
"Los exportadores querían ahorrar en impuestos", admite Coire. ¿No habrán evadido impuestos de esa manera? "Sí, pero después (por la venta en
Argentina) se pagan los impuestos por la diferencia."

Presumiblemente se le han cobrado al consumidor los impuestos correspondientes. Pero, con seguridad, han sido evadidos los impuestos de
importación y las tasas aduaneras.

Coire atribuye el trato preferencial con d'Alkaine a razones puramente
administrativas. Es la firma que ha presentado todos los certificados necesarios. Luego el Banco Central tomó su decisión. ¿Decidió no admitir aparatos
de otras firmas, dejar afuera la competencia? No tiene conocimiento sobre ese
asunto. ¿Cómo explica que el producto de las ventas de los aparatos de d'Alkaine
no fuera ingresado inmediatamente al Banco Central –como estipula el regla-
mento– sino que fue invertido en la compra de acciones de la firma Consigna
S.A. (perteneciente al imperio de Antonio)? Coire no explica.

No solamente Daimler-Benz aprovecha el sistema de Jorge Antonio;
toda la industria alemana lo utiliza. Su exitosa gestión es comentada en
toda la República Federal Alemana. En el Ministerio de Economía en Bonn,
manda Ludwig Erhard, el mismo que, a partir de 1943, diseñó para el
Reichsgruppe Industrie (Grupo Industrial del Reich) la planificación de posguerra de las empresas alemanas. Otras empresas también adoptaron estos
métodos innovadores e hicieron su propio *"business"* con Mercedes Benz
Argentina. Empresas que después de la guerra fueron confiscados en Ar-

gentina como "propiedad enemiga" y cuyas patentes y marcas (productos) fueron bloqueadas.

Después de la guerra, un total de 139 empresas, entre ellas Thyssen, Mannesmann, Klöckner, Siemens, Schering y Bayer, fueron declaradas "propiedad enemiga" e intervenidas por la Dirección Nacional de Industria del Estado (DINIE).[19] Esta situación tarda varios años en regularizarse, en algunos casos hasta principios de los años setenta. Es decir que para poder realizar negocios en Argentina y evitar confiscaciones aduaneras, estas compañías precisan hombres de paja y empresas ficticias.

Jorge Antonio ofrece su ayuda. En noviembre de 1951, firma un convenio con la empresa alemana Ferrostahl S.A., representada por Daniel A. Hill. Ferrostahl S.A. otorga a Mercedes Benz Argentina S.R.L. una comisión de siete por ciento sobre los negocios ya convenidos y de tres por ciento sobre los futuros negocios de Ferrostahl S.A. en Argentina.[20] Otras firmas, como Deutz, crean, con la ayuda de Antonio y sus amigos, sus propias empresas ficticias. Y, atendiendo al "pedido y orden de Robert Bosch GmbH (S.R.L.) en Stuttgart, es creada la Inyecto Magnet S.A.", "con hombres de paja" de probada experiencia.[21]

Casi todos los emprendimientos industriales alemanes en Argentina han sido intervenidos como "propiedad enemiga" y se ven impedidos de realizar sus negocios. Sus marcas y patentes están bloqueadas. Al final de la guerra, estas empresas también han enterrado en cuentas suizas su capital para "lavarlo" cuando fuera posible. En las actas de la comisión figura una carta de Hugo Stinnes dirigida a Antonio:

> Mülheim, 2 de junio de 1955. Su colaboración considerable en el trabajo constructivo de su país durante los últimos 10 años es conocido en todo el mundo. Por mis relaciones personales y amigables con la firma Mercedes-Benz / Stuttgart, estoy bien informado de sus gestiones y operaciones comerciales. El año pasado el gran industrial alemán, el Sr. Federico Flick, y mi persona se hacían cargo de la nombrada firma Maschinenbau Kiel A.G., fabricación de locomotora Diesel hidráulica.

Stinnes lo invita a visitar la fábrica. Antonio acepta y los *"gentlemen"* llegan a un acuerdo comercial. El 13 de junio, Antonio le comunica desde Buenos

Aires la dirección de su hermano Rubén y la de la empresa Argencer en Francfort. "Lo recibirá gustosamente, proporcionándole asimismo toda información."

La empresa Fahr también se ubica bajo el techo de Mercedes Benz Argentina. Visto desde afuera todo parece legal. El 17 de noviembre de 1952, el Ministerio de Economía alemán autoriza a la fábrica de maquinarias Fahr S.A. con sede en Gottmadingen, a tener participaciones en la S.R.L. argentina del mismo nombre –gerenciada por Jorge Antonio y su cuñado César Rubín–. En Alemania rige la ley de economía de divisas, por la cual las inversiones en el extranjero deben ser autorizadas oficialmente.

La inversión de dos millones de pesos de Fahr, figura sólo en el papel. Un tercio del capital de la empresa es detentado por los agentes fiduciarios Juan Kleiner y Walther Schumacher. Según reza el protocolo, declaran haber recibido de Mercedes Benz Argentina el dinero para la compra de esa participación.[22] Los detalles fueron ajustados por el estudio contable Coire. Los propietarios de la fábrica de maquinarias Fahr S.A., Jorge y Wilfried Fahr, les habrían pedido asumir la representación. Coire argumenta: "Por las leyes de la potencia militar ocupante, ninguna empresa alemana podía adquirir participaciones en empresas en el exterior".[23]

La casa matriz alemana invierte en herramientas, instalaciones y maquinarias. El capital proviene de la sociedad anónima suiza Konnex S.A. La empresa Fahr se dedica a la agricultura, la construcción de carreteras y, sobre todo, a la exportación de tractores. Esos tractores se pagan con créditos del Banco de la Nación en Buenos Aires, debidamente autorizados por el Banco Central. El pago se efectúa en "dólares CAAO" al Oberrheinische Bank en Friburgo.[24]

A los pocos meses, la S.R.L. se convierte en una sociedad anónima, en la cual la financiera Investa S.A. controlada por MBA, es socia mayoritaria. En el contrato se establece que la comisión correspondiente al propietario argentino de acciones, Jorge Antonio, debe ser girada a su cuenta en el Rhein-Main-Bank en Francfort. De esto depende la autorización para el envío de las maquinarias.[25]

Las autoridades oficiales de la investigación tienen a la vista la copia de un contrato similar, entre la empresa alemana Fahr y la suiza Konnex, con la única diferencia de que allí el favorecido no es Jorge Antonio, sino directamente Konnex. El dinero es depositado en la cuenta de esta empresa en

Singen y transferido automáticamente a la fábrica de maquinarias. El triángulo está armado. El capital es repatriado.

Otra: Klöckner, Humboldt & Deutz (KHD), una tradicional empresa industrial con sede en Colonia, describe así en su página Web la situación después de la Segunda Guerra Mundial: "En invierno de 1944/1945, las tres cuartas partes de las fábricas y de las maquinarias habían sido destruidas por los bombardeos. Aún no se podía ni pensar en una posible producción. Los créditos para la reconstrucción, las máquinas y las materias primas, todo estaba muy lejos".

KHD es autorizada a fabricar 500 tractores, para los cuales se están buscando mercados. Lo más práctico es colocarlos en un país agrario. En Argentina, la empresa tiene representantes desde hace más de 50 años, pero la exportación es imposible. Desde 1945, la empresa pasó a ser "propiedad enemiga", intervenida por la DINIE y sus productos confiscados en el puerto de Buenos Aires. Klöckner no puede figurar. Las negociaciones para la devolución de la fábrica se demoran. La DINIE revisa burocráticamente caso por caso y decide cuáles empresas serán devueltas a sus dueños y cuáles no. Un elemento determinante en esta decisión es si la actividad de la empresa es necesaria o prescindible para la economía argentina. El objetivo de la política peronista es el desarrollo de una industria nacional sustitutiva de importaciones. Una fábrica de perfume es considerada "prescindible" y las firmas "4711" y Beiersdorf ("Nivea") no son devueltas a sus dueños. Más afortunadas resultan las fábricas de productos no elaborados por firmas argentinas. Existe interés en la construcción de una fábrica de tractores, pero no en la importación de los mismos, como pretenden los alemanes.

Las empresas, con aparente benevolencia, no admiten el recorte de sus actividades. El Capital no tolera limitaciones en su tendencia expansiva. Hoy, en plena cruzada mundial del neoliberalismo, cuesta imaginar que un presidente, en la otra punta del planeta —en este caso Juan Domingo Perón— se permita decidir sobre la admisión o no de empresas multinacionales. Actualmente los gobiernos y las regiones compiten entre sí tras los inversores extranjeros. Ofrecen exoneración de impuestos, favoritismo en las tasas, flexibilidad y hasta a sí mismos. Pero, al inicio de los años cincuenta, la situación es muy otra. Por eso, en aquella época, las empresas extranjeras procuran la caída de Perón a mediano plazo. En el corto plazo, Klöckner tiene recursos eficaces y se arregla con Perón de esa manera:

A mediados del año 1953, la Klöckner-Humboldt-Deutz AG de Alemania inició tratativas en este país para importar o fabricar mercaderías de su especialidad. En el momento de iniciar las tratativas arriba nombradas, vio trabada toda iniciativa por estar las marcas en poder de DINIE. Algunos materiales importados fueron embargados por uso indebido de las marcas. En este estado de cosas tomamos contacto con el grupo argentino, obteniendo posteriormente a base de largas negociaciones el permiso para el uso precario de las marcas bajo la promesa de instalar una fábrica de tractores en el país. Mientras tanto, la Dirección de Industria Manufacturera llamó a licitación para la importación de tractores a base de un plan progresivo de fabricación nacional. Fueron elegidas cuatro empresas: FIAT, HANOMAG, FAHR y DEUTZ. Posteriormente fueron adjudicadas a Deutz Argentina 1.200 unidades, valor aproximado de cuatro millones de dólares. En cumplimiento del plan industrial, debemos completar y/o fabricar en el país 2.300 tractores anuales. Se cuenta con un permiso de importación de alrededor de 25 millones de dólares (pago diferido).[26]

Rafael Naya (cuñado de Antonio), "en representación de un grupo industrial y de finanzas argentino" eleva una propuesta al Consejo Nacional de Economía, expresando el deseo de fundar una sociedad anónima con el nombre Deutz S.A., para la construcción de una fábrica de tractores. Solicita la liberación de la marca por parte de la DINIE y el permiso de importación de las máquinas. Según una nota de Coire de fecha 14 de agosto de 1953, la DINIE otorga la devolución de la marca con la condición de que se construya una fábrica con tecnología de punta.[27]

Dos semanas más tarde, la DINIE firma un contrato con el "grupo industrial argentino" –con Jorge Antonio–, en el cual se establece que a la firma Deutz S.A., en estado fundacional, le es devuelto el nombre y que se construye la fábrica. El 15 de septiembre de ese mismo año, según investigaciones de la Fiscalía del Estado, Antonio asegura a Klöckner, Humboldt & Deutz (KHD) que –en cuanto haya fundado la sociedad anónima y esté en posesión del total de las acciones– transferirá las mismas a las personas que KHD le indique.

Internamente, convienen una comisión de cuatro por ciento sobre el precio de venta de los tractores para Deutz argentina. Para la construcción de la fábrica, KHD pretende restituir a su filial argentina solamente el tres por ciento de los gastos. Se deduce fácilmente que el restante 97 por ciento ha sido contrabandeado al país en dólares, cambiados en el mercado paralelo. La fábrica se va a hacer esperar un largo tiempo. Por el momento, son importados 4.500 tractores más. Por ese propósito, Rafael Naya, Ramón Andrés Donadio, Marcelo Amoedo y Luis Astigueta, entre otros, fundan a principios de noviembre, Deutz S.A. Admitirán más tarde haber sido "prestanombres" y empleados del estudio contable de Coire, el jefe de finanzas de MBA.

A fines de julio de 1954, Investa, el instrumento financiero de Daimler-Benz S.A., adquiere acciones en Deutz por 4,7 millones de pesos. Un año más tarde las acciones cambian otra vez de dueño. Pasan directamente a Antonio y a los representantes alemanes de Klöckner, Humboldt & Deutz: Ernesto Schwarzböck, Jürgen Koch y Heinrich Jakopp.

Lo que no adelanta casi nada es el plan de Antonio de construir una fábrica de camiones en la planta de González Catán. Los alemanes juegan a tiempos largos y presentan un plan escalonado. Primero se debe importar el cien por ciento de los vehículos. Llegan terminados o como chasis con las partes a montar. En esta fase no se da la transferencia de tecnología. Antonio quiere llegar en cuatro años a un 90 por ciento de producción propia, reduciendo las importaciones a un diez por ciento. Los costos de inversión los debe cubrir Daimler-Benz. Así lo declaró ante la Comisión investigadora.

Para la construcción de la fábrica, primeramente se abren créditos en bancos locales. En el Banco Industrial son 30 millones de pesos.[28] Las firmas SIADA y Mecánica Rural de la propia casa, compraron un terreno por 20 millones de pesos en González Catán, a 43,5 kilómetros de Buenos Aires. Allí sólo se hace el montaje, en el descampado, según recuerdan trabajadores de aquellos primeros años. En la región ni siquiera existe alumbrado. Perón prometió líneas ferroviarias para más adelante y las viviendas para los trabajadores recién están siendo proyectadas. Uno de los obreros de la época recuerda que armaron el primer generador de energía eléctrica –"atado con alambre"– con los motores de cuatro submarinos.[29] Desconoce de qué manera estos motores habían llegado hasta allí. Jorge Antonio también tiene un vago recuerdo de aquellos motores, pero no puede o no quiere explicar sobre su procedencia. Existen dos posibles explicaciones: una es que, cerca del final de la guerra, hayan llegado a Argentina otros submarinos además de los dos conocidos, siendo desguazados y comercializados. Otra, es que el desguace y la venta se haya realizado en Europa.

La fábrica en González Catán comenzará su producción en 1961. Pero siete años antes, en abril de 1954, en ocasión de la inauguración de la central eléctrica propia, llega en persona el máximo "lavador" de dinero de la República Federal: Ludwig Erhard. Jorge Antonio tiene su sueño al alcance de la mano. Se intercambian obsequios y visitan a Perón. En abril de 1955, la asamblea de accionistas de MBA celebra el éxito logrado. Entre los presentes se encuentran Jorge Kawabatta, en nombre de Jorge Antonio, Atilio Gómez, Germán Timmermann, César Rubín, Pedro Adolfo de Elías, en nombre del barón Arnt von Korff, Friedrich Karl Binder y Francisco Coire.

Se cumplió el plan de 1943. Las cuentas cierran bien.

Notas

[1] Carta de von Korff a Wychodil, 20 de marzo de 1952, archivo Daimler.

[2] El Barón Arnt von Korff a Daimler Benz, Departamento de Exportación, Untertürkheim, 10 de septiembre de 1954, archivo Daimler.

[3] Carta de von Korff, desde Asunción, a Könecke, 6 de octubre de 1954, archivo Daimler.

[4] Compárese con la declaración de Coire, AGN.

[5] Comparando con los protocolos de la Dirección de Daimler-Benz hay una contradicción. Entre los papeles con los cuales me encontré en Stuttgart, está la traducción de una carta con fecha del 20 de febrero de 1954 dirigida a Jorge Antonio, sin firma, con casi el mismo contenido, pero con diferentes cifras. En vez de 182 millones, allá son 186 millones.

[6] Daimler-Benz otorga el poder el 24 de marzo de 1955 al Banco de la Provincia de Buenos Aires, para el depósito 154476 a nombre de Daimler-Benz S.A. Stuttgart a los señores siguientes: Könecke, Wychodil, Beck y Fix. Lo mismo vale para el caso en que las acciones superen los 15 millones de pesos. También pueden disponer sobre dividendos y ganancias: Könecke, Wychodil, Beck y Fix. AGN.

[7] Carta de la Dirección de Daimler-Benz S.A., del 15 de diciembre de 1943. AGN.

[8] Nº VA 13, 2787/57 del 20 de marzo de 1957, Registro de las Sociedades Anónimas, Ministerio de Justicia, Buenos Aires.

[9] Informe de la Comisión 11, expediente 16.407, memoria (copia caso COAR en poder de la autora).

[10] Copias de interrogatorios en poder de la autora.

[11] Informaciones de la sentencia de la primera instancia, 1957.

[12] Declaración del 29 de noviembre de 1955, AGN.

[13] Citado por Hachmeister, op. cit. p. 259.

[14] Según el archivo *Schweizerisches Ragionenbuch,* la empresa Konnex S.A. fue fundada recién en abril de 1955, con el propósito de la administración de bienes y participación en empresas comerciales e industriales. Dos suizos eran los representantes de la empresa: Alwin Widmer y Willy Fritz. Según las informaciones brindadas por el historiador suizo Mario König a la autora (basadas en el archivo de direcciones de los consejos de administración suizos, edición 1943 y 1956 y en el *Ragionenbuch* de Suiza, el presidente del Consejo de administración de Konnex era Alwin Widmer, un comerciante de Kilchberg cerca del lago de Zurich, quien en 1956 mantenía otros doce mandatos de administración. Pero no era un típico representante de los intereses económicos alemanes en Suiza durante la Segunda Guerra Mundial: de las nueve empresas que él representaba como miembro del consejo de administración en 1943, ninguna figuraba en la lista negra de los aliados. El segundo miembro suizo en el Consejo de administración de Konnex, era el contador Willy Fritz, de la Straba Handels-Aktiengesellschaft (Sociedad Anónima Mercantil), con sede en la Beethovenstrasse 11 en Zurich. Ésta se dedicaba a la "importación, exportación y comercio con productos de toda índole". En la misma dirección tenían oficinas otras dos empresas más: la Gewatrans S.A. –Gesellschaft für Warentransaktionen, "Internationaler Handel mit Waren aller Art, Erwerb und Verwertung von Patenten" (Sociedad para Transacciones de Mercaderías, Comercio Internacional de Mercadería de todo tipo, Adquisición y Venta de Patentes) y la Negofina S.A., que según declaración propia se dedicaba al comercio de mercadería de todo tipo y mediación de financiaciones ("Handel mit Waren aller Art und Vermittlung von Finanzierungen"). Obviamente Alwin Widmer era un comerciante intermediario en transacciones internacionales.

[15] Además de Caprile, otro fundador de Konnex S.A. fue Frieder Gründer. Un mes después de la fundación se aumentó el capital de 100.000 francos suizos a 550.000. El golpe contra Perón en septiembre impedía un mayor desarrollo. En agosto de 1957, Frieder sale de la S.A., y en marzo de 1959 se disuelve la misma.

[16] Declaración de Coire ante la Comisión 11, p. 7, AGN.

[17] Ídem, p. 142, AGN.

[18] Ídem, p. 29b AGN.

[19] DINIE se funda oficialmente como sucesora de la Junta de Vigilancia, 1947.

[20] Más tarde consta en una anotación protocolar, que en una reunión del 28 de abril (sin año), y en presencia del Dr. Menges, la empresa Ferrostahl de Essen, pagaría a Mercedes Benz Argentina el siete por ciento sobre las ventas de los *trolleybus* Henschel y MAN por U$S 8.795.750, (igual a U$S 615.562), así como siete por ciento sobre los repuestos (igual a: U$S 61.556,). Pero, según una anotación protocolar de Daimler con fecha del 6 de febrero de 1952, Ferrostahl se niega a pagar el siete por ciento. Ferrostahl dice haber logrado el encargo de los *trolleybus* por mérito propio, siendo obstaculizado por Jorge Antonio, AGN.

[21] Carta de Jürgen Koch a la Comisión 11, del 18 de enero de 1956. Los fundadores de esta firma eran las mismas personas de Antonio y sostenían el 20 por ciento del capital. El dinero para la compra de las acciones les fue entregado por terceros, AGN.

[22] Informe de la Fiscalía de la Junta Nacional de Recuperación, tema Fahr, 7 de agosto de 1957, AGN.

[23] Ibíd.

[24] Comparando con carta del 27 de agosto al Banco de la Nación, falta la firma, probablemente es de Fahr S.A. Se trata en esta carta no solamente de la importación de máquinas de la empresa Fahr sino de máquinas de varias empresas, que tienen que ser pre-financiadas. Jorge Antonio figura personalmente como garantía para este crédito millonario.

[25] Informe de la Fiscalía de la Junta Nacional, tema Fahr, 7 de agosto de 1957. p. 23, AGN.

[26] Carta de Ernesto Schwarzböck, apoderado de Klöckner Humboldt Deutz S.A., Colonia 5 de octubre de 1955, AGN.

[27] Resumen de la Comisión 11, del 8 de agosto de 1957, AGN.

[28] Solicitud del 24 de junio de 1954, AGN.

[29] Según declaración de Amadeo Jantarev, 8 enero de 2004. Trabajó desde 1954 hasta 1989 en MBA.

Capítulo 8

Jorge Antonio es exonerado

La situación en el mundo está cambiando. Terminada la guerra en Corea (1953), disminuye el peligro de una Tercera Guerra Mundial y comienza la Guerra Fría. Las superpotencias ponen bajo control los disturbios de posguerra, tanto los domésticos como los del vecino. Nuevamente se erigen en guardianes del mundo. Caen los precios de las materias primas y se encarecen las importaciones de los países subdesarrollados. Así se inicia la decadencia de Argentina. Así naufraga la estrella política de Juan Domingo Perón.

Más allá del surgimiento de fábricas productoras de artículos para el consumo interno, como heladeras, lavarropas y bicicletas, lo cierto es que no se dispuso de tecnología de punta que permitiera competir en el mercado mundial. Tecnología sumamente cara y atesorada celosamente por los países industrializados, que desalientan a los eventuales competidores del hemisferio sur negándoles las patentes, las invenciones y los ingenieros necesarios.

El Banco Central argentino se ha vaciado y aún falta mucho tiempo para que surja en Sudamérica un proyecto político de integración regional, semejante a la Comunidad Económica Europea, que después de una larga negociación a partir de los tratados de París en 1951, nace en marzo de 1957 con los tratados de Roma. Argentinos y brasileños no pueden superar su tradicional rivalidad para buscar juntos un camino de salida del subdesarrollo.

Tras la muerte de Eva Perón (1952) el partido peronista se desfibra en distintas corrientes. Antonio Cafiero se vincula a la Iglesia católica y abandona el gabinete. Juan Domingo Perón enfrenta al Vaticano y a la poderosa curia argentina. Pretende autorizar el divorcio y limitar la influencia religiosa en las escuelas. Los sacerdotes caldean el ambiente desde el púlpito. Perón expulsa del país a dos obispos y es excomulgado.

El gobierno de EE.UU. pierde la paciencia con este obstinado general de la pampa que osa enfrentársele. Seguramente apercibió el funcionamiento de la "lavandería" del dinero nazi. Le conviene el fortalecimiento de la República Federal en función de la Guerra Fría. A partir de 1955, Bonn debe reconstruir las fuerzas armadas alemanas (la Bundeswehr) y pagar el crédito otorgado en el marco del plan Marshall por 1.400 millones de dólares, más los intereses.

Perón intenta desde 1953 profundizar las relaciones con EE.UU. por vía diplomática. La petrolera California y Ford anuncian inversiones millonarias, pero en las licitaciones de importación siempre son favorecidas las empresas alemanas. Miles de fascistas provenientes de Europa hallan refugio en el Río de la Plata. Diez años después de haber sido derrotado militarmente por los Aliados el Reich alemán, emerge repentinamente la industria alemana como una poderosa competidora.

La industria automotriz estadounidense tantea el terreno en Argentina. MBA resulta ser un estorbo en el camino. No solamente Kaiser quiere construir una fábrica en Córdoba. Confidencialmente y muy preocupado, von Korff informa a Jorge Antonio sobre la intención de Chevrolet de exportar automóviles.[1] Se trata de 5.000 o más vehículos usados, de modelos viejos. Además, General Motors también está contratando mucho personal.

Y, finalmente, el pecado mortal: Alemania descubre su interés comercial por la Antártida, un continente estratégico, que ya está en la mira de los ingleses establecidos en las cercanas Islas Malvinas. Una cita de un memorando que se encuentra entre los documentos de la Comisión investigadora[2] lo certifica:

Confidencial: El ganar la dominación política sobre el sector argentino en la Antártida exigía y exige permanentes esfuerzos considerables. El desarrollo económico [de la Antártida] es posible. La pesca ofrece amplias posibilidades, especialmente la pesca ballenera. Mientras los esfuerzos, realizados hasta ahora por las autoridades argentinas, han fallado por falta de condiciones económicas y de infraestructura mercantil, hemos logrado, gracias a la colaboración ofrecida por las empresas que yo represento, cumplir con esas condiciones básicas. La Primera Compañía Ballenera Alemana S.R.L. (EDW GmbH) está dispuesta a encargarse del armado, del equipamiento y de la tripulación de la futura flota ballenera, así como de la venta de lo pescado. Si se realiza el pedido de construcción, de los buques balleneros necesarios, antes de fin de junio de 1955, la firma Weser S.A. (perteneciente a la empresa Krupp) puede entregarlos para el otoño de 1956 bajo condiciones de pago favorables. De ese modo ya no habría ningún inconveniente para iniciar la pesca ballenera en la temporada 56/57.

Esta compañía ballenera ya inició gestiones en el Ministerio de Economía y Alimentación alemán y negocia con Hermes, la aseguradora estatal de exportaciones. Todos han dado su aprobación. Las autoridades gubernamentales en Bonn están dispuestas a autorizar los contratos de importación de aceite de ballena. Los buques balleneros tendrán un costo estimado de 500 mil dólares cada uno, tomando como base del cálculo compensatorio el tipo de cambio del convenio Argentino-Alemán, el "dólar CAAO". El crédito abierto a tales efectos será amortizado con las importaciones de aceite de ballena de los años 1956 y 1957. A esto se agregan tres millones de marcos alemanes para el equipamiento de los buques balleneros. Los inversionistas alemanes establecen las siguientes condiciones:

Hacer el cálculo de los valores aportados –bienes materiales y servicios– según los precios del mercado interno argentino al momento de fijar las participaciones de capital. Aplicación de la ley de radicación temporaria, esto es, garantía para la transferencia de dividendos y de capital. (…) Eventualmente la concesión de permisos de importación suplementarios para determinadas mercancías, las divisas necesarias podrían ser compradas en el mercado paralelo con *Sperrmark*[3] o en cuentas de marcos alemanes de conversión monetaria limitada. De modo que la mercancía importada pueda ser comercializada libremente, sin límites de precios, y la ganancia en pesos destinada a la financiación interna. Sin esta condición no existe ningún atractivo para la inversión de capital alemán. Ya en su mercado interno, los inversionistas alemanes tienen un interés del 8 por ciento, nadie invierte su dinero en otro país con dificultades de transferencia, solamente en vistas a una posterior devolución.[4]

Tres meses después de esta nota, en junio del 1955, los militares argentinos dan la señal de largada y bombardean el palacio presidencial. Esta vez Perón logra derrotar la rebelión. El gobierno londinense toma cartas en el asunto y promete a los almirantes argentinos el abastecimiento de sus buques en caso de conflicto. En septiembre de 1955 la Marina promueve la sublevación y amenaza con bombardear las refinerías. En Corrientes se amotina el general Pedro Aramburu. En Córdoba los combates duran tres días. Finalmente vencen las tropas gubernamentales y proclaman la victoria. Pero, el 19 de septiembre de 1955, Perón sorpresivamente presenta su renuncia y asume el general Lonardi.

En primera instancia parece que la Junta militar continuará un peronismo sin Perón, sin trastocar los logros sociales y manteniendo los sindicatos. Pero a las seis semanas el general Aramburu, hombre de confianza de ingleses, norteamericanos y latifundistas, depone a Lonardi y toma el poder. Los sindicatos son disueltos, los líderes obreros detenidos y opositores enviados al paredón. Un decreto prohíbe mencionar el nombre de Perón o entonar la Marcha peronista.

A Jorge Antonio le cambia la vida. A fines de septiembre, el Banco Central bloquea todas las cuentas de las empresas en las que él tiene participación. Antonio, recurriendo a sus amigos, se refugia en la Embajada alemana donde permanece ocho días. Luego, tras siete días más en la Embajada uruguaya, es arrestado.

La Junta militar, con la autodenominada Revolución Libertadora, proclama su cometido de acabar con la corrupción y con el "populismo fascista de Perón". Sostiene que el general ha vaciado las arcas del Estado. Se anuncia una investigación a fondo de sus actividades criminales.

El 9 de diciembre de 1955, entra en vigor el decreto-ley N° 5.148/55, que prevé la creación de la "Junta Nacional de Recuperación Patrimonial". Todas las empresas y los particulares deben probar cómo han adquirido sus bienes entre los años 1943 y 1955, lapso en que Perón participó en el gobierno. De no hacerlo así los bienes son expropiados. Al menos en teoría. En la práctica este decreto es aplicado solamente contra las empresas alemanas. La mira está puesta en el imperio de Antonio.

En este momento es cuando se crea la Comisión investigadora, conocida como "Comisión Jorge Antonio", o "Comisión 11", a la que ya se ha hecho referencia. Mercedes Benz Argentina y todas las sociedades anónimas vinculadas son intervenidas. La Fiscalía del Estado incauta la documentación de las empresas, por lo menos aquella que Coire, aún en libertad, no ha salvaguardado. El 18 de noviembre alguien quema documentos confidenciales en las oficinas de Deutz. Las cuentas bancarias de Fahr, Siemens, Deutz, Bosch, Hanomag, Krupp y Borgward son bloqueadas.

En Untertürkheim cunde el pánico. A diferencia de lo sucedido sobre el final de la Segunda Guerra Mundial –cuando vieron venir la derrota y pudieron prepararse– los Señores han sido sorprendidos por el golpe contra su aliado Perón. Las inversiones millonarias, encubiertas por testaferros y empresas ficticias, están en peligro. La Dirección de la Empresa intenta salvar, desesperadamente, una fortuna de la cual se considera legítima propietaria.

Primera estrategia: cambiar de caballo en plena carrera y adaptarse a los nuevos detentadores del poder en el Río de la Plata. Tal como lo exige la Junta, Daimler-Benz retira a Binder y a von Korff. Wychodil, director de Daimler, viaja inmediatamente a Buenos Aires donde se entera que los Señores de la plana mayor argentina de MBA están presos. En su informe de viaje anota a modo de consuelo: "Nuestros Señores alemanes no han sido molestados".[5] Entrega al gobierno de facto una carta de Ludwig Erhard –bien dispuesto, como siempre–.

Durante su visita al almirante Rial, la delegación alemana es informada de la pretensión militar de desconectar, de aquí en más, a Antonio. "Les hemos explicado que comprendemos la pretensión de servirse, sin perjuicio, de las propiedades de Jorge Antonio. Pero no a costa de Daimler-Benz."[6]

Procuran congraciarse con el nuevo poder que, como Perón, admira el militarismo alemán. El jefe de exportaciones Arnold Wychodil escribe en sus notas de viaje[7] haber sido recibido amablemente por el interventor de MBA con el dicho alemán "nada nuevo en el Frente Oeste".[8] Según Wychodil, habría que aprovechar que los militares en el poder no están condicionados por un parlamento, sino que gobiernan directamente por decretos.[9] La Dirección de Daimler-Benz propone una nueva reunión al "muy distinguido señor general" Carlos Kelso, jefe de la Junta Nacional de Recuperación Patrimonial.[10] Participarían, enviados desde Stuttgart, los señores directores Wychodil y Reuter, el jefe de finanzas Beck, así como el apoderado general y jefe de la Sección de Divisas, Fix.

Junto a Wychodil viaja Hanns Martin Schleyer,[11] otro partícipe de esta operación de rescate del dinero nazi. Ambos se conocen desde los tiempos

en Praga, cuando Schleyer era oficial de la SS y Wychodil dirigía una fábrica de Daimler-Benz, cuya producción en pos de la "victoria final", se llevaba a cabo con trabajadores forzados. En Buenos Aires se reencuentran con
Karl Friedrich Binder. En torno a un asado, con vino tinto argentino, tra-
man nuevos planes de expansión.

Los Señores de Daimler-Benz quieren solucionar el "asunto MBA" –la
intervención y la amenaza de expropiar sin indemnización– y proponen un
trato a los militares, un "arreglo", como dicen ellos. Adjuntan a su carta una
propuesta como base de negociación para la próxima reunión. En las actas no
figura esa propuesta. Sin embargo la Junta está resuelta a liquidar, de una
buena vez, a Perón, a su mito, y también a sus aliados. Amablemente, pero
con firmeza, dan largas al "asunto" y entretienen a los "plenipotenciarios" de
Daimler. La empresa está intervenida y habría que esperar el resultado de las
investigaciones, alegan. La construcción de la fábrica en González Catán es
interrumpida en enero de 1956, 770 trabajadores son despedidos y en julio
es clausurada toda la instalación. Sólo unos pocos operarios permanecen para
el mantenimiento de las máquinas. En la planta de montaje en San Martín
también se apagan las luces. Poco a poco, la Junta va vendiendo las existencias
de automóviles Mercedes de la serie 170 y la maquinaria es trasladada a Brasil.[12] El imperio de Daimler-Benz amenaza con derrumbarse.

Los testaferros de MBA tienen prohibida la salida del país. Jorge Antonio describe en su interrogatorio cómo ascendió de simple enfermero del
Hospital Militar a multimillonario.[13] A partir de 1948, trabajó como gerente en la automotora Aguirre, Mastro & Cía., que importaba automóviles de Daimler-Benz desde antes de 1945. Allí logró acumular sus primeros
ahorros y recibió una participación en la firma. Gracias a sus relaciones con
el gobierno peronista, obtuvo el permiso para importar tres mil autos de
Untertürkheim, con la condición de no distraer divisas del Banco Central.
La mitad de los vehículos fueron adjudicados al Ministerio de Industria y
Comercio en Buenos Aires, que decidió quiénes podrían adquirirlos a precio de costo.

Pero, a la larga, el negocio sería demasiado difícil de manejar para
Aguirre, Mastro & Cía. Antonio abandonó la empresa y fundó Mercedes
Benz Argentina S.R.L. en la calle Charcas, con un capital inicial de nueve
millones de pesos. La participación de los alemanes, por intermedio de Atilio
Gómez, fue de tres millones.

Entonces resolví mandar un telegrama a Perón pidiendo una audiencia con Haspel. La gestión fue apoyada por la Embajada de Alemania. Y la audiencia se realizó siendo éste el primer contacto. En dicha entrevista, todo el proyecto o el Plan Industrial, fue que el Presidente prometió toda clase de ayuda. Concretamente se le habló de la importación de *trolleybus*.

Jorge Antonio manifiesta que en los papeles figura con el 44 por ciento de las acciones de Mercedes Benz Argentina S.R.L., pero que el verdadero propietario era Daimler-Benz S.A., actuando él como agente fiduciario. Sus únicas propiedades eran su casa en Martínez, su yate Esmeralda y un par de autos.

Los testaferros son llamados a declarar uno tras otro. El 4 de febrero de 1957, Antonio di Scala explica por qué figuraba como accionista de las empresas Trapalcó, Mecánica Rural, SIADA y Fahr.

Tal hecho ocurrió en razón de haberlo dispuesto de esa manera el titular del estudio del Dr. Francisco Coire a efectos de completar el número indispensable de accionistas para la constitución de distintas sociedades del grupo Mercedes-Benz. A fines del año 1953, el Dr. Coire personalmente me citó para proponerme de ser incluido como accionista de distintas empresas. Por tal hecho no corría riesgo alguno.

Fernando Álvarez explica a los investigadores que conoce a Antonio desde que era empleado en el Banco de la Nación, y sabe que era él quien solicitaba créditos para Aguirre, Mastro & Cía. A instancias de Antonio, Álvarez dejó su empleo en el banco por un puesto en la automotora. A pesar de figurar como accionista, nunca fue propietario de las acciones. Pertenecían a Mercedes Benz Argentina. Él prestó su nombre. Así se lo había indicado el director Timmermann.

Guillermo Jorge d'Andrea Mohr figura, también solamente en el papel, como propietario de acciones por 400 mil pesos en la empresa Suranor.

Ramón Andrés Donadio declara haber figurado como accionista de SIADA desde marzo de 1953 a marzo de 1954.[14] No recuerda a cuánto ascendía el capital detentado. ¿Para qué, si no era realmente suyo? Hasta el golpe militar de septiembre de 1955, había sido accionista de Deutz. Las acciones son al portador por lo que no pueden ser rastreados los verdaderos propietarios.

También el apoderado general para Latinoamérica de Daimler-Benz, el barón Arnt von Korff, declara no ser verdadero el propietario de acciones,[15] a pesar de figurar como tal en varias empresas del imperio de MBA. Este hombre de 51 años presenta un poder general de la empresa de Untertürkheim y reconoce que Daimler-Benz invirtió 38 millones de pesos en la financiera Investa, sin aclarar la procedencia de ese crecido importe. No presenta ningún comprobante del giro bancario ni del cambio de moneda en el Banco Central.

La Comisión 11, curiosamente, no profundiza la indagación aunque ésta es, justamente, su tarea. En la documentación incautada se encuentran resúmenes de las cuentas bancarias de Investa de las que surge que von Korff realizó depósitos en efectivo de decenas de millones, comprando al día siguiente sociedades anónimas por esos mismos importes. Von Korff no da explicaciones sobre estos depósitos en efectivo. A los investigadores parece no interesar la aclaración de este delito internacional que, según testimonios, fue enhebrado por una empresa multinacional con la complicidad del gobierno de Alemania Federal. Lo único que preocupa a la Comisión 11 es acumular pruebas contra Antonio y contra Perón para legitimar el golpe de Estado. Según el informe final, Perón robó 700 millones de dólares.[16]

No se discute que durante su primer gobierno la corrupción en gran escala haya hecho pie en los sindicatos, en el Partido, en las Fuerzas Armadas y en la Justicia. Pero, ¿realmente esos cientos de millones fueron a parar a las cuentas del máximo líder del partido, como sostiene la Junta? Hay dudas.

Durante años de investigación la Comisión 11 reúne enorme cantidad de documentos y papeles, pero los resultados son magros. No presenta pruebas sobre los 700 millones de dólares que supuestamente terminaron en los bolsillos de Perón. En las actas se encuentra una nota confidencial, sin firma, del 3 de septiembre de 1957. En ella se especifica que el interventor halló en el archivo de Mercedes-Benz comprobantes del envío de cuatro automóviles para Perón. No se aclara para qué ni bajo cuáles circunstancias se realizó la cesión de estos vehículos. Uno de ellos es un Mercedes 300S, *coupé*, *Luxus-sport*, que fue importado el 8 de enero de 1952 al tipo de cambio autorizado. Posteriormente, Perón lo regaló al estudiante Oscar Rafael Sánchez Carrie en reconocimiento a sus *"logros deportivos"*. Sánchez, a su vez, lo vendió a una persona que estaba en posesión de otro Mercedes importado en condiciones no aclaradas. La nota no señala cuál fue el delito cometido. Tal vez ese modelo *Luxus* sea el mismo coche que fuera donado al mejor jugador de basketball y que menciona von Korff en el informe de su viaje.[17]

Germán Timmermann permanece doce días preso y su mujer teme lo peor. Todos los días espera en el portón de la cárcel para visitarlo brevemente. Más adelante, recuerda haberse cruzado con los señores Binder, Wychodil y von Korff. Ellos, los jefes de Antonio y de Timmermann estaban en libertad y podían visitar a sus empleados encarcelados. Los alemanes pretenden tranquilizar a la señora Timmermann.[18] Le aseguran que todo se va a arreglar y que su marido volverá a ocupar su puesto en Mercedes-Benz, al igual que lo han hecho ellos en Daimler-Benz después de la guerra.

Mientras duren las investigaciones, Timmermann tiene prohibido ausentarse del país. Debe presentarse el 12 de enero de 1956 ante la Comisión. Su nombre aparece, sea como director, vicepresidente o accionista en MBA, Fahr Argentina, Lucardi, Aguirre & Mastro, Investa y muchas otras empresas de las que ya ni recuerda. Eran tantas ¿cómo podría acordarse de todas?

¿Dónde obtuvo el dinero para comprar las acciones? De Mercedes-Benz, de Investa y de Antonio personalmente. Sus únicas propiedades son una casa, que compró en Martínez en 1952 por 700 mil pesos, otra casa en Villa General Belgrano con un valor de 55 mil pesos, un Mercedes 300 de hace dos años y un Mercedes 220 que compró siendo agregado consular en Francfort. El dinero es de sus ahorros. Como director de MBA recibía buena paga.

Preguntan a Timmermann: ¿Qué se hacía con el dinero obtenido con los sobreprecios en las facturas? Se pagaban las diferencias de tipos de cambio a los inversionistas.[19] También se financiaban emprendimientos culturales, deportivos y religiosos. Además era necesario compensar la diferencia entre el importe declarado en la compra de una sociedad anónima y el importe realmente pagado, incluyendo las coimas.

Timmermann pierde el coraje, se desespera. Este doctor en Ciencias Económicas, que ha proporcionado una fachada de seriedad al "lavadero", no posee la sangre fría de Antonio o de Coire, quienes aún están presos. Timmermann no soporta la presión y huye con su familia a Brasil, esperando que en Argentina se calmen las aguas.

Se investiga el patrimonio del imperio de Antonio.[20] Desde la transformación de una S.R.L. en una sociedad anónima –el acta fundacional data del año 1952–, cae una tibia lluvia de dinero sobre Mercedes-Benz. En diciembre de 1952, su capital sumaba 20 millones de pesos, en mayo de 1953 se incrementa a 50 millones, en mayo de 1954 a 75 millones y en marzo de 1955 a cien millones. Los 200 millones y el anuncio de lograr los mil millones son alcanzados en abril de 1955, pocos meses antes de la caída de Perón.

En un escrito presentado a la Junta Nacional de Recuperación Patrimonial, Daimler-Benz reivindica de este patrimonio la propiedad de un paquete de acciones por el valor de 66 millones de pesos. Estos títulos se los había entregado Antonio por concepto de aportes de capital, participación en las ganancias y garantías de crédito. Y nuevamente adjuntan una nota certificada del Ministerio de Economía alemán. Ni Daimler-Benz ni Jorge Antonio explican los misteriosos aumentos y los flujos invisibles del capital.

La Comisión 11 investiga: en dos años y medio (o sea hasta el golpe militar), solamente la Mercedes-Benz en Argentina hace importaciones por un valor de 45 millones de dólares. Catorce de ellos son financiados con divisas del Banco Central y 31 millones sin uso de divisas. "No pudo realizarse sin contar con el apoyo oficial decidido, franco y en todos los órdenes, del cual el más valioso fue el otorgamiento de 63 millones de dólares en divisas", reza un posterior fallo del tribunal.[21] Según el cálculo de la Fiscalía del Estado, las empresas comprendidas en el imperio de Antonio pudieron exportar 63 millones de dólares, con una autorización extraordinaria del Banco Central.

Pero Jorge Antonio no puede o no quiere explicar cuáles son los montos trasladados de Alemania a Argentina en carácter de compensación. Niega el saqueo del Banco Central y esgrime que las balanzas de pagos y de comercio equilibradas –como está establecido en el CAAO– eran un objetivo específico de la política peronista. No se buscaba la fuga de capitales, sino lo contrario, inversiones desde el exterior.

Fecha	Concepto		
15.8.55	Entrega a Tecuá S.A. a cuenta préstamo hip.		
15.8.55	Gastos en el vivero de Haedo		100.000.-	1.430.666.55
19.8.55	Entrega a Visargentina en calidad de préstamo	370.-	1.430.296.55
23.8.55	" Tecuá S.A. a/cta. prést. hip.	317.465.-	1.112.831.55
26.8.55	Cobrado pagaré Visargentina	229.057.50	883.774.05
29.8.55	Entrega a Autaro.S.A. en calidad de préstamo	40.000.-	923.774.05
30.8.55	Pagado anticipo semestral imp.sustitutivo	300.000.-	623.774.05
"	Enterga a Autaro S.A. en calidad de prestamo	3.848.-	619.926.05
"	" 2	200.000.-	419.326.05
1.9.55	Pago a Coire honorarios y gastos .	35.000.-	384.926.05
"	Enterga a Inyecto Magnet anticipo integración	10.158.70	374.767.35
2.9.55	Gastos en el Vivero de Haedo	54.200.-	320.567.35
5.9.55	Recibido de Tecuá S.A. intereses s/prest.hip.	2.930.-	317.637.35
"	Enterga a Inyecto Magnet a cuenta integración	40.500.-	358.137.35
6.9.55	Timbrado Talonario de cheques	50.000.-	308.137.35
14.9.55	Recibido de Deutz Arg. en calidad de préstamo	5.-	308.132.35
"	Entrega a Autaro S.A. en calidad de préstamo	10.000.000.-	10.308.132.35
"	" " "	125.000.-	10.183.032.35
"	Pagado Escribano Rodolfo García Susini gastos,honorarios e impuestos escritura aumento de capital por 160.000.000.- y la emisión de acciones de igual suma.-	233.242.-	9.949.790.35
16.9.55	Compra acciones de Mercedes Benz Arg.	1.048.825.-	8.900.965.35
22.9.55	Emitido cheque para fondo efectivo en caja	800.000.-	8.100.965.35
26.9.55	Entrega a Autaro S.A. en calidad de préstamo	200.000.-	7.900.965.35
29.9.55	" " " "	200.000.-	7.700.965.35
	" " " "	200.000.-	7.500.965.35
"	Devolución parcial préstamo a Deutz Arg. S.A.	196.695.71	7.304.269.64
30.9.55	Entrega a Inyecto Magnet a cuenta de integración	6.500.000.-	804.269.64
"	" Autaro S.A. en calidad de préstamo	100.412.-	703.857.64
1-10-55	Entrega a Tecuá S.A. a cta. préstamo hip.	35.000.-	668.857.64
7-10-55	Gastos en el vivero de Haedo	246.437.50	422.420.14
18-10-55	Anticipo integración B. de Korff	3.440.-	418.980.14
"	Entrega a Autaro S.A. en calidad de préstamo	1.000.000.-	1.418.980.14
"	Pago a Fco. Coire honorarios y gastos	600.000.-	818.980.14
"	Pagado intereses hipoteca La Recoleta	10.914.90	808.075.24
20-10-55	Entrega a Autaro SA. en calidad de préstamo	128.261.23	679.814.01
"	Entrega a Inyecto-Magnet a cta. de integraciones	116.621.-	563.193.01
24-10-55	Cobrado arrendamiento de la Recoleta	300.000.-	263.193.01
3-11-55	Cobrado pagaré Visargentina	118.62	263.311.63
"	Depósito efectivo existente en caja	65.000.-	328.311.63
4-11-55	Entrega a Inyecto Magnet a cta. de integración	195.203.55	523.515.18
"	Entrega a Autaro SA. en calidad de préstamo	88.343.86	435.171.32
"	Pagado a Fco. Coire honorarios	40.000.-	399.171.32
"	Gastos en el Vivero de Haedo	10.000.-	389.171.32
"	Entrega a Autaro SA. en calidad de préstamo	3.360.-	385.721.32
23-11-55	Entrega a Tecuá SA. a cta. préstamo hip.	160.000.-	75.204.32
2-12-55	Anticipo integración B. de Korff	1.000.000.-	1.031.106.12
"	Gastos en el Vivero de Haedo	3.360.-	1.031.746.12
"	Terreno Construcción Inmobiliaria Libertador e/Balsac y Vidt	1.262.50	1.026.403.82
"	Pagado a Fco. Coire honorarios y gastos	10.307.64	1.018.376.12

Sociedades de Antonio, movimiento de capital.

Sin embargo, es un hecho que no hubo transferencias legales de capital de Alemania hacia Buenos Aires. Pero, ¿ilegal? "No bajo mi responsabilidad", sostiene Antonio, en la entrevista conmigo, a sus 87 años de edad. No descarta que los alemanes hayan contrabandeado dinero y oro desde Suiza a Argentina. La empresa financiera Investa era dirigida por el barón von Korff. Lo que éste hacía concretamente es algo que él desconoce.

Antonio confirma que las empresas de la lista confeccionada por la Comisión investigadora pertenecían a su imperio (las cifras representan pesos argentinos):

Lugar	Actividad	Capital
Mar Chiquita S.A.	Negocios inmobiliarios y Campos	3.519.000 (MBA 2.170.000)
Tafi S.A.	Hoteles y Negocios inmobiliarios	7.500.000 (MBA 6.872.300)
Plasmetal S.A.	Negocios inmobiliarios	2.000.000 (MBA único propietario).
Investa S.A.	Financiera	40.000.000 (MBA 1.500.000; en otro lugar se habla de 38.000.000)
Autarc S.A.	Máquinas para el agro y vehículos	5.000.000 (MBA 4,5 millones)
Lucardi, Aguirre, Mastro & Cía.	Importación de máquinas y camiones	10.000.000 (7.000.000 MBA)
Forja S.A.	Ferrocariles	8.342.487 (MBA 4,8 millones)
Visaargentina S.A.	Fundición y herramientas	7.000.000 (MBA 6.212.000)
Trapalco S.A.	Agricultura	15.250.000 (MBA único propietario)
Establecimiento Guell S.A.	Madera y agricultura	5.000.000 (MBA 4.500.000)
Sia S.A.	Ganado y caballos	5.000.000 (MBA 4.995.500)
La Rinconada S.A. (en trámite de inscripción)	Agricultura	1.000.000 (participación prevista de MBA 13 millones)
Agropec S.A. (en trámite de inscripción)	Agricultura	4.500.000
Impex S.A.	Exportación e importación	5.000.000 (MBA 4.597.000)
Copra S.A.	Exportación e importación	780.000. (MBA 700.000)
Fabar S.A.	Exportación e importación	2.500.000 (MBA único propietario).
Deutz Argentina S.A.	Tractores	7.357.294. (MBA 1.440.000)
Resta S.A.		6.000.000 (MBA 5.645.500)
Siada S.A.		2.500.000 (MBA 697.000)
Cofindus S.A.		Capital previsto 5.800.000

En este listado faltan las siguientes empresas controladas por Jorge Antonio, que la Comisión detalla en otro lugar[22]:

> Aguirre Mastro S.R.L., vehículos y auto-partes. All Services S.A., vehículos y televisores. Apt S.A., televisores. Amparo S.A., seguros. Argentina Sueco, seguros. Avellaneda Motor S.A., vehículos. Banco Continental S.A. Capehart S.A., televisores. Cimar S.A., televisores. Coar S.A., vehículos. Consigna S.A., televisores. Corfi S.R.L. televisores. D'Alkaine Agrícola S.A., tractores. D'Alkaine S.R.L., televisores. Difusora Esto Es S.A. Fahr S.A., tractores. Favis S.R.L., ferrocarriles. Hugo Guido S.A., vehículos. Leopoldo Gold S.A., televisores. Inyecto Magnet S.A. Mecánica Rural S.A., tractores y coches. Los Nogales S.A., televisores. Norte S.A., televisores. Gasi S.A., importación vehículos. Rada S.A., constructora. Suranor S.A., madera y auto-partes. Taique S.A., agricultura. Talleres Güemes S.A., taller de reparación. Tam S.R.L., empresa de transporte. Televa S.A., televisores.

La Comisión concluye que a Mercedes-Benz no le interesaba la fabricación de camiones, sino la compra de bienes y valores. Y lo explica de la siguiente manera:

> [...] una gigantesca expansión que tuvo en el corto lapso de 3 años aproximadamente, proceso este de gigantismo comercial que sólo le fue posible realizar contando con la ayuda e influencia directa del funcionario que detentaba la más alta autoridad nacional y con el uso indiscriminado del fondo de divisas de una nación.[23]

Del *Gentlemen Agreement* mencionado por Antonio sólo es presentada una copia. Los alemanes jamás han otorgado poderes a sus testaferros argentinos. Desde un principio, Perón protegió a los alemanes y declaró de "interés nacional" a sus "inversiones". Casi nadie se preocupó por la falta de documentación. Como en aquel negocio de 2.000 camiones Mercedes de menor carga útil. Para este negocio, Mercedes-Benz S.R.L. solicita al Consejo Nacional de Economía argentino la autorización para esta importación y para la importación del capital. Vendrán además 1.000 camiones y 3.000

vehículos agrarios. Pero el Consejo se pone difícil. Daimler-Benz no presentó un plan de inversión, sino que se expresó solamente en términos generales. Atendiendo las normas jurídicas debe presentarse, para cada inversión en el exterior, un certificado del gobierno extranjero, autorizando la exportación del capital. En aquel entonces la responsable para esto era la Delegación Comercial Alemana. Sin embargo, en el caso de Daimler-Benz S.A., la Delegación Comercial no tomó posición alguna sobre las inversiones planificadas. No estaba claro si la construcción de la fábrica comprendía realmente una inversión de capital.

Por ejemplo, la empresa Deutz S.A.: en febrero de 1955 las acciones fueron transferidas de los testaferros argentinos a los representantes alemanes de Klöckner-Humboldt-Deutz. Según la Fiscalía estas transferencias son ilegales, ya que se realizaron sin conocimiento de los representantes alemanes, al menos sin una escritura formal, figurando solamente en el registro de accionistas:

> Con relación a los hechos expuestos, se practicaron diversas investigaciones tendientes a determinar la procedencia de la integración analizada, sin que haya podido establecerse el origen de los fondos respectivos. No obstante de ello, y teniendo en cuenta la compra de acciones que efectuó Investa S.A. con fecha 31 de julio de 1954, se estima probable que el importe de 4,7 millones de pesos forme parte del total de 5 millones de pesos, anónimamente integrados. En cuanto a la diferencia de 300.000 pesos, habría provenido de Mercedes-Benz.[24]

Los representantes alemanes de Klöckner-Humboldt-Deutz no reconocen ante la Comisión investigadora que el dinero provenía de ellos. Al menos no consta en actas. La empresa alemana tendría que haber presentado, en este caso, un comprobante de giro bancario o algún documento justificante. Evidentemente no puede hacerlo porque el dinero ha sido contrabandeado.

La Fiscalía del Estado concluye entonces que el capital de Deutz S.A. provino de Mercedes Benz Argentina (1.440.000 pesos), de la compañía financiera Investa S.A. controlada por los alemanes (4.700.000 pesos) y de Klöckner-Humboldt-Deutz en forma de maquinaria, activos en efectivo y pagos de intereses por un total de 330.000 pesos. En otras palabras: KHD solamente puede comprobar una real inversión –en dinero y bienes materiales– del cinco por ciento de los 6,4 millones del total del capital en acciones de Deutz.

Por esta razón, las protestas alemanas ante la intervención de la Junta Nacional de Recuperación Patrimonial, son muy moderadas. Klöckner reclama el reintegro de 5 mil pesos que dice haber pagado en efectivo, en octubre de 1955, para la compra de un paquete menor de acciones. Y en enero de 1956, como lo establece la ley de acciones argentina, Klöckner-Humboldt-Deutz adquiere un tercio del paquete accionario de Deutz S.A., por un valor de 3,3 millones de pesos. "Demasiado tarde", opina la Fiscalía, "Deutz S.A. no fue realmente constituida con la cantidad mínima de diez accionistas que requiere el Código de Comercio, toda vez que la mayoría de sus socios fundadores eran empleados del Dr. Francisco Coire, por cuya indicación actuaron como prestanombres del Sr. Jorge Antonio".[25]

Daimler-Benz tampoco hace un buen papel en el proceso de investigación que se le incoa. La tarea específica de la Junta Nacional de Recuperación Patrimonial es la averiguación del origen de los bienes adquiridos entre 1943 y 1955. Daimler-Benz no puede demostrar dicho origen.

Los balances de la empresa argentina y de la casa matriz en Alemania difieren de modo extremo. En los libros de Mercedes Benz Argentina, bajo el rubro "Cuenta de inversionistas", está asentado el monto de 145 millones de pesos como deuda. Esto equivale a 4,8 millones de dólares. En Untertürkheim la deuda de la empresa argentina asciende a 15,5 millones de dólares. Según un telegrama de Könecke y Wychodil ellos "tampoco saben si aparecerán más imprecisiones en la contabilidad".[26] En este telegrama dejan de lado su reivindicación sobre Investa S.A. y sostienen que sus acciones pertenecen a MBA.

De ese modo, en diciembre de 1957, se hace público el fallo en primera instancia, según el cual Daimler-Benz pasa a manos del Estado argentino sin ningún tipo de indemnización. Fragmento de la sentencia:

> Resulta pues evidente que la interdicta [empresa] al conocer el cargo formulado por la Fiscalía y al no haber podido demostrar la existencia de la radicación del capital alemán, trata de restarle importancia a la cuestión, cuando la misma es uno de los puntos fundamentales en que apoya su reclamación.[27]

Mercedes Benz Argentina interpone recursos jurídicos. La Empresa sostiene que Daimler-Benz envió a Argentina 1.680.000 dólares en efectivo, así como herramientas por un valor de 180.000 dólares. Paralelamente Daimler-Benz otorgó a MBA un crédito por 3.415.000 dólares, que sería pagado con las futuras comisiones por la venta de autos Mercedes. Pero resulta que Mercedes Benz Argentina tampoco puede comprobar fehacientemente esta mini-inversión de 1.680.000 dólares. Daimler-Benz presenta ante la Comisión 11 una confirmación del Ministerio de Economía alemán, datada el 20 de marzo de 1957:

> Hasta el momento se le ha otorgado a Ud. un permiso para la exportación de capital a Argentina, por un valor de 3.928.571 dólares americanos. De esta suma fueron utilizados 1.317.098 en forma de bienes materiales y 1.270.283 dólares americanos por compensación de bienes argentinos en pesos procedentes del uso de patentes y de participaciones gananciales.

Según un certificado presentado por Daimler-Benz en su defensa, la empresa envió a Argentina entre 1951 y 1957 solamente 1.341.190 dólares. Hasta el momento –marzo de 1957– la filial argentina no había mencionado esa cifra. Sumando el capital en acciones de las 50 empresas del imperio de Antonio más el capital de MBA, se arriba a una cifra varias veces mayor. Solamente las veinte empresas del listado de la sentencia suman un capital comprobado de 75 millones de pesos. A esto se agrega el incremento de capital de MBA, en abril de 1955, por 200 millones de pesos, así como el capital de las restantes treinta empresas de Jorge Antonio. Y las cajas negras y las ganancias escondidas y los bienes en el exterior y así...

Expresado de otro modo: la "suma de inversiones" oficial de 1,3 millones de dólares –para los cuales tampoco existen comprobantes de transferencias bancarias– contrasta con los, por lo menos, cien millones de dólares que Jorge Antonio dice haber administrado en el Río de la Plata a favor de Daimler-Benz. Están faltando unos 99 millones: casi el 99 por ciento del monto invertido.

En lo que se refiere a la empresa COAR, la Comisión investigadora establece en su informe final que Mercedes Benz Argentina y COAR, controlada por MBA, cometieron fraude fiscal al utilizar sobreprecios, provocando "pérdidas fiscales millonarias". Según las pruebas adjuntas la suma de las cajas negras asciende a 208.377.184,40 pesos. Suma ésta que no fue gravada por el fisco.

Desde septiembre de 1952 hasta 1955, COAR vendió por encargo de Mercedes Benz Argentina un total de 6.691 autos con la famosa estrellita —al menos ésa es la cantidad que se registró en los libros—. Falseando las cifras, declaran a la DGI en 1954 una ganancia de solamente 14 millones de pesos. "Pero las ganancias eran mucho mayores, por el margen que no figura en la factura ni en los libros (sobreprecios y dinero negro)." Siguiendo las órdenes de MBA, COAR incrementa considerablemente el precio que figura en los libros y en las listas. Pero como deben rendir cuentas de las ganancias en negro a los propietarios alemanes, los ingresos no declarados son registrados como "sobreprecios" en la carpeta de "dinero negro". Esta carpeta fue incautada por la Comisión investigadora y no tiene sentido negarlo.

Entre 1952 y 1954 se le escaparon al fisco 380.100.587,50 de pesos por los balances fraudulentos de Mercedes Benz Argentina. Cifra que el fisco pretende recuperar. Se resuelve imponer una multa, cuya negociación sobre monto y modalidad de pago se prolongará durante varios años más.

La Comisión 11 centra sus investigaciones sobre Antonio y su gente. Casi no se interesan por los alemanes. No los reconoce como propietarios de Mercedes Benz Argentina, jamás les han sido transferidas las acciones. Propietario legal es el testaferro Atilio Gómez quien, al igual que los alemanes, tampoco puede comprobar el origen del capital.

Notas

[1] Memorando confidencial del 21 de octubre de 1953, AGN.

[2] Memorando del 27 de marzo de 1955, del archivo de la Comisión 11, AGN.

[3] *Sperrmark* se denominaba a los fondos, bloqueados en Alemania, destinados a pagar créditos del exterior.

[4] Memorando del 27 de marzo de 1955, AGN.

[5] Informe con fecha 1 de noviembre de 1955, archivo Daimler.

[6] Memorando del 16 de noviembre de 1956, archivo Daimler.

[7] Memorando sobre su viaje a Argentina, 27 de enero de 1958, archivo Daimler.

[8] Expresión de los soldados alemanes durante la Primera Guerra Mundial con la que se reportaban al regreso de los controles en el frente.

[9] Memorando del 16 de noviembre de 1956, op. cit.

[10] La carta es del 4 de mayo de 1956, probablemente firmada (la firma no se lee claramente) por Fritz Beck y Arnold Wychodil, archivo Daimler.

[11] Sobre el papel de Schleyer, V. Hachmeister, capítulo 4, pp. 165- 226.

[12] Entrevista Jantarev.

[13] Declaración ante la Comisión 11 desde el 28 de noviembre de 1955, AGN.

[14] Declaración del 5 de noviembre de 1956 ante la Comisión 11, AGN.

[15] 24 de octubre ante la Comisión 11, AGN.

[16] Citado por Frank Garbely, *Evitas Geheimnis*, Zurich, 2003, p. 285.

[17] 10 de septiembre de 1954, AGN.

[18] Elsa Timmermann en una entrevista con la autora, 2004.

[19] "Diferencias a los radicadores de capital", AGN.

[20] Ministerio de Justicia, Archivo de las empresas argentinas, expediente DaimlerChrysler.

[21] Registro de las Sociedades Anónimas, Sentencia. pp. 688/ 144.

[22] Firma del listado Buitrago, secretario Dr. Medina, AGN.

[23] Registro de empresas, pp. 143/ 687.

[24] Informe de la Fiscalía de la Comisión 11, p. 18, Deutz S.A., AGN.

[25] Ídem, p. 40.

[26] Telegrama de Könecke y Wychodil del 11 de diciembre de 1956, al interventor de MBA, AGN.

[27] Sentencia del juez Enrique Raúl Burzio, Registro de Empresas, pp. 128/ 672.

Capítulo 9

La salvación de Mercedes Benz Argentina

Fracasó la primera estrategia de Daimler-Benz de congraciarse con la Junta Nacional de Recuperación Patrimonial. No es posible recuperar así los bienes adquiridos con el oro nazi en el Río de la Plata. Precavidamente, varios meses antes del fallo en primera instancia –en el mes de diciembre de 1957–, el Consorcio desarrolla su segunda estrategia.

Con la misma flexibilidad con que se adaptó al futuro vencedor mucho antes de la capitulación –y tras años de acumular ganancias astronómicas gracias a Hitler–, también en Argentina, después de años de excelentes negocios en nombre de la producción nacional y del "anti-imperialismo" de Perón, el Consorcio se adapta al vencedor. El adversario de los peronistas e instigador oculto del golpe de Estado es el gobierno estadounidense.

Daimler-Benz se pone en contacto con William A. Mosetti. Más adelante, Mosetti explicará a varios empleados de Mercedes Benz Argentina que durante la Segunda Guerra Mundial, como oficial del ejército de los EE.UU., había preparado el terreno desde el norte de África para la invasión estadounidense a Sicilia (julio 1943)* y que evitó los ataques aéreos de los Aliados sobre la Empresa en Stuttgart. ¿Quién es este misterioso William A. Mosetti?

Buscando respuestas indago en Argentina, en Estados Unidos y en los archivos de Daimler-Benz en Alemania. Mosetti, nacido en 1914 en Trieste, emigra a Norteamérica. Crece en Nueva York y adquiere la nacionalidad estadounidense. El 18 de mayo de 1943 se alista como soldado raso en el Ejér-

---

* El gobierno de los EE.UU. utilizó contactos con la mafia y después de la guerra amnistió al *gangster* Lucky Luciano y lo deportó a Italia.

cito y es asignado primeramente al *Signal Training Battalion* en Camp Crowder, Missouri. Allí se capacita para el servicio de informaciones y para el oficio de espía. En diciembre del mismo año, el Comando del Ejército lo somete a órdenes secretas y es enviado a una misión en ultramar. En la documentación desclasificada (a pedido mío) no se especifican las características de la misión. Como lugares de estacionamiento militar son mencionados APO 759, APO 512 y APO 667. "APO" significa American Post Office, y los números empleados corresponden a Casablanca, Argel y Nápoles. Desde octubre de 1944 se establece en el cuartel general de la Continental Advance Section. Desde allí se coordina el ataque a la Alemania nazi. También los ataques aéreos.

La OSS, Office of Strategic Services (Oficina de Servicios Estratégicos), antecesora de la CIA, se interesa por Mosetti —quien habla fluidamente italiano y francés— y quiere reclutarlo para una misión secreta en Argelia. Así consta en la solicitud de la OSS, Sección de Personal, con fecha 16 de noviembre de 1943.[1] Pero en realidad, la OSS no quiere a Mosetti solamente para Argelia.

> Este hombre operará en Francia y en Italia. No se requiere solamente dominio de los idiomas francés e italiano, sino también conocimientos de tácticas de guerrilla y/o conducción de comandos de guerra, dominio del combate cuerpo a cuerpo y manejo de explosivos y armas. Debe estar preparado para asumir misiones peligrosas. Debe poseer cualidades de líder y fortaleza física. Debe ser de creencias cristianas y ciudadano estadounidense.

Mosetti cumple con todas esas condiciones, pero el Ejército de EE.UU. no quiere perder a uno de sus mejores hombres para operaciones encubiertas (Intelligence-Officer, G-2). Y mucho menos en beneficio de un servicio recién creado y dirigido por civiles. El 15 de diciembre de 1943, el coronel del Ejército Connely escribe *"Not available"* justo debajo del título *"Confidential"*.[2]

Mosetti es condecorado con la *Good Conduct Medal*, la *World War II Victory Medal*, la *Army of Occupation Medal with German clasp* y la *European-African-Middle-Eastern Theater Campaign Medal*. La información que obtengo sobre sus actividades en distintos lugares llega hasta el 4 de junio de 1946. En los documentos que me entregan, la única constancia posterior a esa fecha es su retiro el 27 de marzo de 1957, en *"Germany"*. Qué actividades desarrolló este oficial de Inteligencia desde junio de 1946 hasta marzo de 1957 es material secreto.

Probablemente haya abandonado el Ejército en 1957 para integrarse a Daimler-Benz el 1 de abril del mismo año. En la documentación que me presentó la Empresa, encuentro su nombre por primera vez en 1960 cuando es designado Director General de Mercedes Benz Argentina.

En todo caso, Mosetti es el hombre indicado para salvar a Mercedes Benz Argentina de la expropiación. Sabe qué hilos mover. El 19 de febrero de 1959, estando ya los uniformados de regreso en sus cuarteles, se hace público el segundo fallo en el juicio contra Jorge Antonio y MBA. Los jueces fallan a favor de Antonio y de Daimler-Benz. En esta instancia tampoco pudo comprobarse el origen de las inversiones. De qué manera llegó y de qué fuentes provino el capital a Argentina permanecen sin aclaración. Estas cuestiones son consideradas "irrelevantes". La duda sobre la legalidad del origen del capital no era, según los jueces, razón suficiente para justificar una grave intervención en las relaciones de propiedad, como la expropiación. Esta duda sólo los lleva a sospechar estafas y evasión impositiva, delitos menores que se solventan con el pago de una multa. No les interesa que este capital, como se les ha testimoniado, fuese "adquirido" durante la Segunda Guerra Mundial, ocultado y "lavado" después de 1945 como ingresos por exportaciones alemanas, violando las leyes de los Aliados.

El nuevo gobierno argentino llega a un acuerdo con Daimler-Benz. La Empresa promete terminar de construir la fábrica de camiones en González Catán e iniciar la producción. Se levanta la intervención y Daimler-Benz asume la dirección de Mercedes Benz Argentina. El 46 por ciento de las acciones aún son detentadas por el Estado argentino, pero más adelante serán transferidas a los alemanes.

El 9 de marzo de 1959, Daimler-Benz y el gobierno argentino firman un contrato oficial[3] sobre la fabricación de camiones y ómnibus en la planta de González Catán. El gobierno concede un plazo de diez años para la cancelación de la deuda fiscal, pagadera en cuotas y sin intereses.

Pero para que el contrato sea ratificado, deben superarse resistencias políticas internas que reclaman que Jorge Antonio quede absolutamente desvinculado de la Empresa. Daimler-Benz tiene que llegar a un acuerdo con él: quiere que Antonio renuncie a lo que considera suyo en MBA. Pero Antonio se pone difícil y desde España –adonde fue tras su general exiliado– amenaza a Daimler-Benz con un juicio. Les comunica a los alemanes que a ellos les pertenece solamente un tercio de MBA y que él es el único propietario de más de cincuenta sociedades anónimas subsidiarias, registradas bajo el nombre de sus testaferros. Y que tampoco va a dejarse acorralar como socio minoritario en caso de un incremento de capital.[4] Pero, finalmente, Antonio cede. Los alemanes lo conforman con diez millones de marcos. La mayor parte de esta cifra es recuperada por Daimler-Benz y pagada por los contribuyentes alemanes a través de los impuestos. La aseguradora estatal de exportaciones Hermes paga una indemnización de, por lo menos, seis millones de marcos[5] por las pérdidas en Argentina.

La fábrica en González Catán reinicia su actividad en noviembre de 1958. En 1960 Mosetti llega a un acuerdo definitivo con el gobierno argentino y pone punto final a la intervención.[6] La maquinaria para la construcción de motores llega en abril de 1961, diez años después de la fundación de Mercedes Benz Argentina.

Argentina es ahora otro país, un país del Tercer Mundo. La industria nacional –el gran sueño de Antonio y Perón– no logra desarrollarse. Las condiciones a las que se deben ajustar las empresas ya no son determinadas por el marco político. Desde la Revolución Libertadora de 1955, todo se encarrila hacia el liberalismo. El Capital se desenvuelve sin restricciones. En el prólogo a las memorias de Antonio,[7] escritas a mediados de los años sesenta, Perón nos ofrece su versión. Una versión que poco tiene que ver con la realidad histórica, pero que describe la nueva relación de fuerzas entre el Estado y el Capital:

> Mercedes-Benz era una empresa netamente argentina, su capital y bienes lo eran en absoluto. Había iniciado ya la fabricación de camiones cien por ciento nacionales y montaba la fábrica mejor instalada del país no sólo en el aspecto técnico e industrial, sino también en el orden social. Tanto Mercedes-Benz como todas las industrias subsidiarias pertenecen hoy a capitales extranjeros. Aunque ésa haya sido la misión que el imperialismo haya asignado a los "Libertadores".

El nuevo hombre fuerte en la Empresa, después de Mosetti, es Pedro de Elías. Antonio lo había empleado en MBA, en la Sección Jurídica, porque su padre era gerente del Banco de la Nación. Al igual que con otros testaferros, Antonio lo había equipado con considerables paquetes de acciones. Después de la Revolución Libertadora De Elías apuesta a caballo ganador y ofrece sus servicios a la Junta Militar. Esto se deduce de un escrito anónimo, redactado pocos días después del golpe de Estado, con fecha 28 de octubre de 1955 dirigido a la Comisión investigadora.[8]

> A fin de obtener un mejor conocimiento de las múltiples actividades monopolistas de Jorge Antonio, quizás le interesa citar al Sr. Pedro de Elías con domicilio en la calle Ayacucho 1057. El Sr. Elías aparece en varias compañías como accionista y las acciones son de Antonio. Tengan presente que el Sr. Gómez que figura como vicepresidente de la Mercedes-Benz es un testaferro 100 x 100 de Antonio. Casi todos los directores que figuran en las S.A. son testaferros de Antonio, Aloé, Perón, Gómez Morales, Revestido, etcétera.

Su plan es exitoso. De Elías afirma su poder durante la Revolución Libertadora y se ofrece a los alemanes como nuevo hombre de confianza en Buenos Aires. Los alemanes necesitan algún intercesor local. Antonio está preso en la cárcel en Tierra del Fuego, junto a los líderes peronistas Guillermo Patricio Kelly, John William Cooke y Héctor Cámpora. Francisco Coire, el jefe de Finanzas de MBA, también está encarcelado.

Antonio permanece más de dos años en prisión, hasta que huye hacia Chile junto a otros cinco presos y al director de la cárcel. De allí viaja a la España de Franco, donde se reencuentra con su compañero de ruta Juan Domingo Perón. Allí se radica y reorganiza su vida.

Requerido por el gobierno argentino con orden de captura internacional, su libertad de movimiento es limitada. No se atreve a viajar a Gran Bretaña, donde supone puede encontrarse alguno de los responsables de la Revolución Libertadora. Pero sí reinicia el contacto comercial con sus amigos alemanes y visita al señor Flick. En Untertürkheim lo tratan amablemente, pero ya tienen sustitutos en carrera. Perón y Antonio ya cumplieron.

En la República Federal, la Reconstrucción está en pleno desarrollo gracias a la eficacia de la "lavandería" en el triángulo Alemania-Suiza-Argentina. El plan de Erhard dio resultado. El líder de la Unión Socialcristiana (CSU), Franz-Josef Strauss, proclamará más adelante que un pueblo que alcanza tales logros económicos se ganó el derecho de no tener que escuchar nada más sobre Auschwitz.

Antonio sabe que nunca más volverá a regentear "su" imperio. Pero en Buenos Aires, sus compañeros de lucha de la etapa fundacional no comprenden que están fuera de carrera. Timmermann regresa a Buenos Aires en 1958. Sus antiguos comitentes de la empresa Fahr le dan una retribución por las incomodidades ligadas a su antiguo trabajo. "Hombres de honor", comenta Elsa Timmermann. Daimler-Benz, en cambio, no paga un centavo.

Timmermann está desesperado. En una carta del 19 de mayo de 1958, le manifiesta a Antonio que está a su entera disposición y que quiere volver a la Empresa. Se queja de la poca confianza reinante entre los escasos colaboradores que permanecen en el país. Antonio intenta colocarlo en empleos de menor importancia: "Yo no venderé ni cederé uno solo de los derechos que nos corresponden. Primera gran etapa cumplida", le responde Antonio el 4 de noviembre del mismo año. En Bruselas Antonio se había encontrado con el Dr. Shacht, quien lo había ayudado a pedido de la familia Flick. También se había reunido con Panhorst.[9] Pero Antonio advierte: "Ustedes no están unidos, eso es malo". Con "ustedes" se refiere a Timmermann, Coire, Amboldi y Gómez. Y éstos desconfían unos de otros. No saben que el delator se llama De Elías. Tras dos años de espera infructuosa Timmermann pierde la paciencia:

Hasta ahora mi actitud fue de tolerancia, basada en la esperanza de que un día Usted encarara la situación actual del grupo tratando de darle solución. Pero al ver que el tiempo pasa y Usted no parece preocuparse en tal sentido, llego a suponer que interpreta nuestro silencio como estupidez. [...] Mientras tanto su standard de vida se mantiene como en los mejores tiempos, han pasado por sus manos sumas enormes de dinero, tales que con una mínima parte hubiera podido solucionar los problemas de todos dándoles la oportunidad de reorganizar en mejor forma sus vidas [...] No es desde ningún punto de vista aceptable que el grupo de colaboradores más cercanos suyo, aquéllos a quienes prometió repetidas veces hacer participar de los beneficios y que tanto contribuyeron a cimentar las empresas, vean cómo se liquida poco a poco todo y cómo Usted dispone de ello sin recordarse de nosotros. (Carta del 22 Abril de 1960 a Jorge Antonio).

La reacción de Antonio es dura: envía la carta de regreso. Timmermann renuncia a su amistad. Abandona la carrera. En MBA, donde manda De Elías, no se le abren las puertas. Comienza una nueva etapa: el tema del "lavado" de dinero, aunque a un elevado costo, quedó solucionado.

Timmermann sufre depresiones. No se atreve a salir de la casa. Pasa tres años sentado frente al televisor, reflexionando sobre sus actos y sobre sus compinches. Se muda a un departamento más pequeño y vende los muebles de los tiempos de bonanza. Sus amigotes alemanes le consiguen un nuevo empleo en la empresa alemana Lahusen. Allí soporta dos años y renuncia. Muere amargado en 1985. La familia empobrecida.

En el año 2004, casi un cuarto de siglo después, a Antonio el tema le da pena. Uno de sus más leales compañeros de camino ha muerto en la pobreza. ¿Pobreza? Antonio relee las cartas y opina: "Sobrestimó mis influencias con los alemanes, yo no pude recuperar la Empresa". De Elías era sólo un pequeño abogado. Timmermann era "genial". Junto a Coire eran "sus" hombres. Timmermann lo visitó en España. Y como él mismo no podía viajar a Inglaterra envió a Timmermann a Londres. Allí tenía aún un edificio a la venta. "Timmermann me trajo las 60 mil libras esterlinas a Madrid, y yo le di 10 mil a él."

En 1958 en Argentina se retira la Revolución Libertadora y Arturo Frondizi asume el gobierno. De las promesas o amenazas hechas por los militares no se ha cumplido ninguna. Lo único que pudo averiguar la Comisión 11 de la Junta Nacional de Recuperación Patrimonial es que el imperio de Antonio era dirigido por testaferros y que el Estado argentino sufrió daños estimados en varios millones. Pero de dónde provino el capital para esas inversiones no figura en su informe final, a pesar de ser ese precisamente su cometido. Además, ninguno de los integrantes de dicha Comisión ha caído en la pobreza durante los años de dictadura.

La Junta militar comienza la progresiva transferencia de Mercedes Benz Argentina a favor de Daimler-Benz. La Revolución Libertadora hace exactamente lo contrario a lo que postula. Lejos de acabar con los amigos nazis de Perón, favorece a Daimler-Benz poniendo los bienes fuera del alcance de los testaferros. Los que fueran otrora mandantes de los testaferros, hoy fingen como intachables dueños del imperio.

Casi todas las empresas bloqueadas como "propiedad enemiga" son legalizadas por la Junta. Las que están intervenidas y son administradas por la DINIE se rematan en junio de 1958 y la mayoría son vendidas a sus anteriores dueños, a un precio fijo. Merck Química por 20 millones, Günther Wagner S.R.L. por 3,2 millones y Schering por 17,2 millones de pesos.[10]

Notas

[1] El documento fue entregado a la autora después de su solicitud, según la ley americana *Freedom of Information Act*, por National Archives and Records Administration, College Park, Maryland, el 20 de agosto de 2004, estaba en los expedientes del OSS.

[2] National Archives and Records Administration, College Park, op. cit.

[3] Telex de Wychodil a Könecke, 9 de marzo de 1959, archivo Daimler.

[4] 9 de abril de 1959. Confidencial, memorando Reuter, archivo Daimler.

[5] Carta de Könecke a Wychodil, 10 de junio de 1958, archivo Daimler.

[6] Ver nota de Daimler-Benz Untertürkheim con firma ilegible, fechada el 23 de junio de 1960, *Streng vertraulich* (estrictamente confidencial), archivo Daimler.

[7] Jorge Antonio: *Y ahora qué?* 1966, Ediciones Verum et Militia, Buenos Aires.

[8] Por la cantidad de detalles, debe haber sido enviado por alguien que disponía de datos internos, AGN.

[9] Probablemente se refiere al responsable de Sudamérica en el Ministerio de Economía de la República Federal.

[10] *Freie Presse*, 24 de junio de 1958.

Capítulo 10

El fin de Eichmann

Los alemanes guarecidos en Argentina no representan un estorbo para la Revolución Libertadora ni para el posterior gobierno de Frondizi. ¿Por qué iban a serlo? No existen presiones. En Bonn, reina el alivio por haberse quitado de encima el incómodo tema de los criminales de guerra. Y los descendientes de judíos que viven en Argentina –cientos de miles– son mayoritariamente "gente apolítica", según Alfredo Bauer,[1] un comunista de la vieja guardia que huyó de Viena a Buenos Aires por razones políticas y de "racismo". No quieren tener nada que ver con los alemanes y no andan averiguando quién merodea en los clubes y empresas alemanas.

El mundo entero se sorprende cuando el 11 de mayo de 1960, un tal Ricardo Klement es secuestrado delante de la puerta de su casa en la calle Garibaldi, cuando regresaba de su trabajo en Mercedes-Benz. En realidad, Klement es Adolf Eichmann, el encargado del traslado de judíos de toda Europa a los campos de concentración durante el Tercer Reich. El responsable administrativo del holocausto.

Después de la capitulación, este antiguo *SS-Obersturmbannführer* (equivalente al rango de Mayor) se mantiene oculto en Alemania y en el norte de Italia durante cinco años. Con documentos de identidad falsificados por el Vaticano, arriba al puerto de Buenos Aires el 14 de julio de 1950. En octubre la policía local[2] le entrega un nuevo documento de identidad.

Jorge Antonio recuerda que fue él personalmente quien empleó a Adolf Eichmann en Mercedes-Benz, cuando aún la fábrica no había iniciado la producción. Asevera que usaba su nombre verdadero.[3] En aquel momento, Adolf Eichmann fue recibido por Perón, en su calidad de influyente miembro del aparato nacionalsocialista y probable integrante del futuro gobierno alemán.

	DETALLE DEL PERSONAL EMPLEADO EN EL SEMESTRE, TIEMPO TRABAJADO Y REMUNERACIONES PERCIBIDAS							
AFILIADO Nº	APELLIDO Y NOMBRE	OFICIO U OCUPACIÓN	DESDE Día / Mes	HASTA Día / Mes	TIEMPO EFECTIVO Días / Horas	Remuneraciones del Semestre por todo concepto (Incluido Aguinaldo)	IMPORTE LIQUIDADO POR AGUINALDO
1.521.925	CURONE, Carlos F.	Peón	20 4	30 6	432	9.198 —	
1.545.137	ALVAREZ Socoro	½ Of.fres.	6 5	30 6	351	8.604 80	
1.549.160	GAZZANEO Mario O.	Albañil	30 3	30 6	621	19.008 90	
1.554.955	ALESSANDRINI Natalio	Ayud.Mec.	16 4	30 6	477	11.016 90	
1.555.478	DIAZ REY Emilio	Capataz	2 1	30 6	M	51.080	
1.555.860	PEVERI Andrés	½ Of.Rem.	2 1	30 6	1030	37.232 60	
1.556.561	BARZAN Gustavo	Peón	2 1	30 6	926	34.321 20	
1.576.215	BANEGAS Mario S.	Peón	28 4	30 6	402	9.442 40	
1.603.342	SALCEDO Carlos	Montador	2 1	30 6	1086	37.676 75	
1.604.764	BOHINC Estanislao	Lijador	2 1	30 6	1002	41.639 45	
1.608.939	SANTORO Raul	Chofer	2 1	30 6	1363,5	56.305 15	
1.634.676	FURNARI Francisco	Lav.Chap.	26 5	30 6	242	5.583 70	
1.646.664	MORGUN Pedro	Mecánico	2 1	30 6	998	37.070 35	
1.658.648	LEPORE Luis S.	Limp.Chap.	2 1	30 6	970	42.141 80	
1.658.686	BARCALA José	Soldador	21 5	30 6	247	7.556 —	
1.660.236	FARKAS Zvonimir	Mec.Banco	2 1	30 6	744,5	46.589 65	
1.682.219	SILVERIO Ernesto	Balancinero	2 1	30 6	900	35.522 25	
1.691.519	ARECO Ruperto	Armador	27 4	30 6	378	11.141 80	
1.695.586	CABALLERO Rufino A.	Sopletista	27 5	30 6	225	5.946 80	
1.704.837	GARCIA Javier	Peón	28 5	30 6	220	5.154 75	
1.705.453	GIACOMIN Anteo	Cañista	1 6	30 6	189	5.397 —	
1.707.578	GOTZ Jorge	Armador	12 2	30 6	846,5	24.139 15	
1.715.979	FANTINI Nicola	Carpintero	20 5	30 6	243	7.465 60	
1.723.323	FRANZESE Pedro	Chapista	2 1	30 6	995	43.373 —	
1.726.523	NIETO José	Capataz	2 1	30 6	M	56.025 30	
1.738.435	LONO Juan José	Armador	27 4	30 6	405	9.859 20	
1.779.204	MULLER Reynaldo	Matricero	2 1	30 6	854	42.866 80	
1.785.425	KLEMENT Ricardo	Emp.Tec.	8 4	30 6	M	15.216 69	
1.803.321	LO PINTO Humberto	½ Of.Chap.	16 6	30 6	99	2.834 —	
1.806.476	ARECO Atilio	Oper.Mont.	16 4	30 6	468	11.427 60	
1.811.390	MARTORELLI Juan	Sub-Cap.	2 1	30 6	M	45.226 15	
1.830.393	NIEVAS Ernesto S.	Tornero	26 5	30 6	234	6.523 50	
1.830.960	BUSTAMANTE Arnaldo	Of.Chapista	20 5	30 6	306	9.459 30	

Lista de personal de MBA (con Eichmann/Klement).

Eichmann se desempeña por poco tiempo en una fábrica metalúrgica en Buenos Aires, hasta que a fines de 1950 es empleado en la firma CAPRI, en la provincia de Tucumán. Nunca se pudo aclarar si se firmó un contrato laboral, pero lo cierto es que no se realizaron aportes jubilatorios. Perón concede a CAPRI varios contratos estatales y la empresa debe modernizar la administración del agua en toda la provincia. En la nómina salarial de CAPRI figuran docenas de nazis y criminales de guerra. En ese momento –1950– ellos solamente pretenden un compás de espera de un par de años en Argentina, hasta que se tranquilice la situación en Alemania y puedan volver a ocupar sus antiguos puestos.

A mediados de 1952 llega a Argentina la esposa de Eichmann, Vera, con los hijos. Utilizan sus nombres verdaderos y lo acompañan a Tucumán. En el colegio alemán los niños son inscriptos con el apellido Eichmann.

Tras la muerte de Evita, el gobierno de Perón entra en crisis. Se acaban los contratos estatales de favor. CAPRI se declara en quiebra. En abril de 1953, Eichmann se muda a Buenos Aires y se desempeña en varios empleos, hasta que el 20 de marzo de 1959 es contratado en Mercedes Benz Argentina. Ingresa con el nombre "Ricardo Klement" y es registrado con el número 1.785.425 en el seguro social de ANSeS.

No es el Mossad, el servicio secreto israelí, el que rastrea el paradero de Eichmann, como afirma la leyenda.[4] Simon Wiesenthal, el cazador de nazis, se entera ya en 1952 de la misteriosa desaparición de la Sra. Eichmann en Austria, donde ella aguardaba a su marido. Un año después, Wiesenthal recibe una carta de un amigo emigrado a Argentina. "He visto a ese cerdo miserable, Eichmann, vive en las cercanías de Buenos Aires y trabaja en la central de abastecimiento de aguas."[5] Wiesenthal transmite la información al cónsul israelí en Viena, pero no sucede nada. Entonces se dirige al Congreso Mundial Judío y le responden alegando que no hay fondos disponibles para un viaje de investigación. Y que además la información es falsa, ya que Eichmann se encuentra en el Cercano Oriente.[6]

Wiesenthal no afloja. Informa a la poderosa comunidad judía en Nueva York[7] e intenta convencer a los políticos estadounidenses de que se ocupen del "problema Eichmann", quien jugó un papel central en la fuga de los criminales de guerra alemanes hacia América Latina. Como se supo durante el juicio en Nuremberg, escondía unas "22 cajas con oro y joyas en la montaña" que fueron utilizadas para la reconstrucción del partido nazi en el exterior. Pero los esfuerzos de Wiesenthal no fueron escuchados.

Transcurren varios años antes de que el fiscal general del Estado en Hesse, Fritz Bauer –él también sobreviviente de los campos de concentración y encargado de la acusación en el proceso sobre Auschwitz de septiembre de 1957 en Francfort– reciba una carta de Lothar Hermann. Hermann, judío y socialista, había estado detenido en el campo de concentración de Dachau hasta 1936 y dos años más tarde logró huir a Argentina. A raíz de las torturas perdió la vista. Sus padres fueron asesinados por los nazis. En Buenos Aires, su hija Sylvia entabla amistad con el hijo mayor de Eichmann y le llaman la atención sus comentarios antisemitas. Hermann ya había detectado el apellido Eichmann en artículos de prensa. Convencido de que se trata de su vecino, se lo comunica al fiscal Bauer en Francfort. Consciente de que un pedido de extradición provocaría una nueva fuga de Eichmann, Bauer decide informar directamente al gobierno israelí.

Pero el gobierno en Tel Aviv tampoco se muestra interesado. Un agente del Mossad enviado a Buenos Aires echa un desganado vistazo a la casa modesta de Eichmann, en la calle Chacabuco y concluye que un nazi importante no puede estar viviendo en condiciones tan humildes.

De hecho Eichmann vive en la pobreza. En su última vivienda de la calle Garibaldi –actualmente demolida– las paredes tienen el revoque descascarado y el techo es de chapas acanaladas. Muy cerca hay un basural y a pocas cuadras, una villa miseria. Eichmann no ocupa un cargo de dirección en Mercedes Benz Argentina, sino que trabaja como electricista.

Un tiempo después llega un segundo agente del Mossad, que en lugar de investigar le pide a Hermann una copia del documento de identidad de Eichmann. Antes de irse del país le deja 130 dólares a Hermann, para eventuales gastos. En Israel el expediente desaparece en un cajón.

Pero Hermann no ceja. Se comunica con amigos y con miembros de la colectividad judía. Cada vez más personas conocen el paradero de Eichmann, pero sigue sin suceder nada. En marzo de 1960, Hermann escribe a las autoridades en Israel: "Parece que Ustedes no tienen interés en capturar a Eichmann". Finalmente algo sucede.

Diez agentes del Mossad vuelan a Argentina para un operativo de comando. El 11 de mayo de 1960 atrapan a Eichmann delante de su casa en la calle Garibaldi, cuando volvía de su trabajo en la fábrica Mercedes Benz de González Catán. Diez días más tarde lo sientan, dopado, en un avión de El Al. En Israel lo juzgan por delitos de lesa humanidad.

Hasta aquí es la historia conocida del secuestro de Eichmann. Algunas preguntas quedan sin respuestas. Resulta extraño que los agentes no aprovecharan el recorrido de regreso de Eichmann desde su trabajo a su casa. ¿Tenía el Mossad un informante en la Empresa que debía ser protegido? El gobierno de Ben Gurion, ¿habrá consultado en Washington si esta acción provocaría serios problemas diplomáticos? Y ¿habrá trascendido esta información?

Lo que sí es un hecho, es que pocos días antes del secuestro de Eichmann y a pedido de Daimler-Benz, William Mosetti se traslada a Buenos Aires. En la asamblea de accionistas del 29 de abril de 1960, en reconocimiento a sus méritos por la salvación de la Empresa, Mosetti es nombrado director general de MBA. Doce días después de su nombramiento, Eichmann es secuestrado por el Mossad. El servicio secreto israelí, siete años antes, carecía de fondos y de interés para realizar una acción semejante. ¿A qué y a quién se debe el cambio brusco en su actitud? ¿Acaso es tan grande la eficiencia de Mosetti en la Dirección de Mercedes Benz Argentina que logra solucionar, en menos de dos semanas, el problema financiero del Mossad?

Ya entonces, el experimentado oficial del servicio secreto de EE.UU. sabe que Mercedes Benz Argentina es un nido de nazis. Posiblemente sea por esta razón que seleccionó personal de dirección –en la ola de contrataciones de 1960– cuyas familias en Europa habían sido asesinadas por el nacionalsocialismo, entre ellos: David Filc, futuro director de la colectividad judía (DAIA) en Buenos Aires y, más adelante, Juan Ronaldo Tasselkraut, quien sucederá a Heinrich Metz como jefe de Producción. La selección de Mosetti resultará paradigmática: en los años de la dictadura de Jorge Videla, Filc hará excelentes negocios con los genocidas y Tasselkraut entregará a sus obreros a la represión.

En los Archivos Nacionales en Washington D.C. (NARA), en la sala de lectores, está a disposición el expediente de la CIA sobre Eichmann.[8] O mejor dicho, lo que el servicio omnipotente dejó para que lean los mortales. Hay dos cajas enteras: memorandos de agencias, artículos de prensa e intercambio de cartas. Según el expediente, la CIA no tuvo nada que ver con el secuestro de Eichmann. Se preocupó solamente por las secuelas diplomáticas de la acción, las amenazas del gobierno argentino de llevar el asunto al Consejo de Seguridad de las Naciones Unidas. Faltan muchas páginas, nombres y frases enteras están borradas y el nombre de William Mosetti no aparece en ningún lugar. Pero, la CIA se preocupa por el daño político que causa la acción en la Guerra Fría. Alemania comunista, la República Democrática Alemana (RDA), acusa el gobierno de Konrad Adenauer, amigo de los estadounidenses y de la OTAN. Hans Globke, autor de las leyes raciales de Adolf Hitler, figura como Secretario de Estado en el gobierno de Adenauer. Existe el peligro de que Eichmann, para defenderse en el juicio, admita que actuaba bajo la responsabilidad de Globke.

El director de la CIA, Allan W. Dulles, se ocupa personalmente. Si Eichmann inculpa a Globke, habría que ir contra Eichmann. En un me-

NAZI WAR CRIMES DISCLOSURE ACT
2000

CIA SPECIAL COLLECTIONS
RELEASE AS SANITIZED
2000

MEMORANDUM FOR: Director, United States Information Agency

SUBJECT: Allegation That Eichmann Is Now a Communist

You will recall the discussion we had concerning this subject and our agreement that we would seek to confirm the report that Eichmann is a Communist. It develops that we will not be able to obtain such confirmation nor would it be prudent to surface or leak this story without such confirmation. I am inclined, therefore, to let the matter rest for the time being.

ALLEN W. DULLES
Director

cc: DDCI

CONCUR:

Deputy Director
(Plans)

DDP/EE   db (21April 1961)

Distribution:
    Orig & 1 - Addressee
            2 - DCI
            1 - DDP
            1 - C/EE

NWC-000635

EXEMPTIONS Section 3(b)
(2)(A) Privacy
(2)(B) Methods/Sources
(2)(G) Foreign Relations

DECLASSIFIED
Authority NND36822
By MW NARA Date 12/8/04

Documento de la CIA sobre Eichmann.

morando para la Agencia de Información de las EEUU,[9] Dulles escribe sobre las "alegaciones de que Eichmann ahora es comunista": admite que a pesar de muchas averiguaciones, la CIA no encontró pruebas para esa tesis. Recomienda no seguir con esta alegación. Tampoco fue necesario, Eichmann no inculpó a Globke, muere en la horca en 1962, callado.

Ni la casa matriz en Stuttgart ni Mercedes Benz Argentina logran explicar qué calificación tenía Eichmann para trabajar como electricista en el Control de normas.[10] Sus verdaderas "cualidades" lo especializaban en la destrucción industrial de seres humanos. Tras el espectacular secuestro, la Comisión Interna de MBA reclama infructuosamente alguna explicación por la contratación del criminal. La Empresa alega ignorar los antecedentes de Eichmann y supone que ha presentado documentos de identidad falsificados.

En mi visita al archivo de Daimler-Benz, se me permite "hallar" la carta de un colaborador de la Empresa –cuyo nombre no se menciona– supuestamente recibida por Hanns Martin Schleyer –el antiguo oficial de la SS– el 30 de mayo de 1960, casi tres semanas después del secuestro de Eichmann:

Asunto: Caso A. Eichmann. Yo viví este caso bastante de cerca y realicé todas las investigaciones junto con el señor Mosetti. Eichmann se había presentado como Ricardo Klement, a un conocido del señor Zink, para un empleo en MBA. Como el hombre presentaba buenas calificaciones y también daba una buena impresión, fue contratado en su momento. Se integró muy bien a su trabajo y era muy valorado por su superior, el señor Mohn, un antiguo oficial. El 12 de marzo de 1960, me entero por el señor Längle, que la noche anterior un empleado de origen alemán no había regresado a su casa. Al otro día, el señor Mohn y la señora E. iniciaron un operativo de búsqueda más o menos no oficial, sin éxito. El 23 de mayo de 1960, la señora E. escribió a la Dirección de la fábrica solicitando se mantenga el puesto de trabajo hasta la reaparición de su marido. Mientras tanto se rumorea en la fábrica que el señor Klement es idéntico a E., quien fue llevado hace poco a Israel. El señor Mohn explicó que recientemente el hijo de E. estuvo con él y que se le presentó como Klaus Eichmann. Éste había visto en los diarios que su padre se hallaba en Israel. También ante Usted quiero expresar reiteradamente, que nadie en la fábrica tenía noción de la anterior identidad de este hombre.

La Empresa no accede al pedido de la señora Eichmann. La Sección de personal lo da de baja en el seguro social el 12 de mayo de 1960 –once días antes de que su secuestro fuera publicado en el parlamento israelí, el Knesset–, paga 4.581,65 pesos por licencia no gozada y vuelve a llenar el cargo. Al día siguiente también es disuelta la relación laboral con Miguel Mars, camarada íntimo de Eichmann. William Mosetti, según van las cosas, no está descontento.

La mentira de que en la fábrica nadie conocía la identidad de Eichmann es refutada por David Flic, empleado en MBA desde febrero de 1960 y más adelante director de Ventas: "Prácticamente toda la plana mayor de la Empresa estaba integrada por inmigrantes de la Alemania de posguerra. Entre ellos había miembros de la *Wehrmacht* (Ejército alemán), oficiales de la SS y camaradas del Partido."[11] Más de uno sabía que Klement en realidad era Eichmann, pero el tema era "tabú".

La contratación de Eichmann no debe haber sido un descuido. Empresas como Daimler-Benz lograron ganancias astronómicas gracias al NSDAP. Puede ser que gente como Binder, Könecke y Schleyer, nuevamente equipados con opulentas chequeras, se hayan sentido comprometidos a una suerte de nostálgica gratitud, aunque es mucho más probable que hayan comprado el silencio de Eichmann. ¿Silencio sobre qué? Tal vez sobre la distribución del oro nazi, tal como lo detallaba el protocolo de la Conferencia en Estrasburgo:

> Después de la derrota los industriales alemanes tienen que financiar al Partido nazi, que pasará a la clandestinidad. Por lo tanto a partir de ahora, el gobierno de Hitler pondrá grandes sumas a disposición de la Industria, para poder contar después de la guerra con una sólida base en el extranjero.

¿Adónde fue a parar esa "sólida base"? Los oficiales de la SS emigrados a Sudamérica llevan una vida relativamente modesta; Eichmann y Müller viven en la pobreza. Sólo quienes hacen carrera en las empresas puede llegar a adquirir algún bienestar. Incluso Metz, jefe de Producción en MBA, vive en un pobre bloque de viviendas. Mengele, el médico de los campos de concentración, lleva una buena vida, pero no porque lo mantenga el Partido nazi, sino porque su familia posee una fábrica de tractores en el sur de Alemania. ¿Quién disponía –y dispone– sobre la utilización de la "sólida base" hecha en Sudamérica con el dinero nazi?

Ateniéndonos a cualquier lógica moral y al orden jurídico, los alemanes no eran y no son propietarios del capital robado durante el nacionalsocialismo. Pero existe también otra lógica, la de los bandidos. Si dos bandidos asaltan un banco y luego uno de ellos se escapa con todo el botín, el otro se siente despojado de la parte que –subjetivamente– le corresponde a él. Quiere recuperar esa parte. En Sudamérica eso se llama "mejicanear", inspirado en una costumbre mexicana que suele terminar a los tiros.

Lamentablemente los historiadores no hacen diferencias al usar las palabras "oro nazi". No diferencian entre la fortuna del Partido, robada de los bancos centrales de los países ocupados y de otros operativos secretos, y la fortuna de las empresas, robada mediante la explotación de los trabajadores forzados y de las materias primas de los territorios conquistados.

Luego de la capitulación el NSDAP es disuelto. En cambio los consorcios alemanes, casi sin excepción, sobreviven y las relaciones de propiedad permanecen intactas. No existe un sucesor legal del Partido nazi. Desde 1945 hubo dos serios intentos de construcción de un partido nacionalsocialista: el Partido Socialista del "Reich" (fundado en 1949 y prohibido en 1952) y, en los años ochenta, la tropa en torno al neonazi de Hamburgo Michael Kühnen, un militante joven con cierto carisma. De algún modo se deben haber enterado, él y sus camaradas, de una cuenta aún sin saldar.

> Oficiales de la SS han llevado considerables fondos a Sudamérica, que sólo podían administrar con agentes fiduciarios, ya que se trataba de propiedad del NSDAP que luego fue metida en fábricas, empresas y similares. Ahora estos señores han envejecido bastante y se sienten a gusto en sus fábricas, y entretanto la mayoría de ellos tiene la sensación de que el dinero le pertenece. Así que habrá que ir a convencerlos de que, lo que estamos haciendo en estos momentos, es serio.[12]

A Kühnen no le alcanzó el tiempo para ir a Sudamérica. Murió de sida. Al hablar de los "señores", probablemente pensaba más en antiguos oficiales de la SS que en una empresa industrial concreta. En una ocasión, llegó a Alemania desde Sudamérica una donación millonaria para una campaña electoral del partido neo nazi NPD*. Por lo demás –según la lógica de los bandidos– el dinero "sin dueño" debe andar perdido en la Pampa. ¿Pero no será que aquella "sólida base" transita por las carreteras con una estrella sobre el radiador?

El botín de guerra ha sido "lavado". El dinero nazi perdió su identidad. El capital no delata su origen. En ese sentido la operación fue exitosa. El valor de las acciones se mantiene estable.

Muchos interrogantes sobre el trasfondo del secuestro de Eichmann continúan sin respuestas. DaimlerChrysler puede aclarar el tema permitiendo el acceso a todos los archivos del Consorcio. Hasta ahora lo único que ha hecho fue poner obstáculos. El Consorcio me afirma personalmente que no tiene documentación sobre Mosetti, director general durante largos años, ni sobre Klement/Eichmann.[13]

Para evitar malos entendidos: en ningún momento hubo una pugna real por el poder entre los restos del Partido nazi y las empresas alemanas. Esa contienda sólo existió en la imaginación de los antiguos oficiales de la SS.

Si el proyecto era utilizar Argentina tan sólo como trampolín para reiniciar el camino de "su" Reich milenario, las perspectivas se evaporan rápidamente. Desde un punto de vista objetivo, los planes nacionalsocialistas para la reconquista del poder se diluyen considerablemente ya en la primera mitad de los años cincuenta. Los antiguos aliados de las grandes industrias, Daimler-Benz entre ellos, apuestan a Europa y a EE.UU. y se aprontan para la "largada" de la carrera del *"business"* internacional. La Guerra Fría permite la unión de los Aliados en el mundo occidental e imposibilita una política alemana de superpotencia. La Comunidad Económica Europea (Europäische Wirtschaftsgemeinschaft, EWG) y la Organización del Tratado del Atlántico Norte (OTAN), convienen las reglas con Bonn para articular los distintos intereses por la vía de la negociación. Las elites políticas y militares de la República Federal se afirman en esa opción. No es necesario seducir a ningún otro grupo social considerable. El pleno empleo garantiza ingresos seguros y alto nivel de consumo, Alemania es alguien otra vez.

---

* *Nationaldemokratische Partei Deutschlands*, es un partido legal, de ultraderecha y racista, utiliza símbolos nazis (el saludo) y niega la existencia del Holocausto. En las últimas elecciones en Sajonia, entró al parlamento con el 9,2 por ciento.

Pero estas novedades demoran mucho en llegar a la lejana Sudamérica. Los viejos nazis precisan varios años para darse cuenta de que están fuera de la realidad. Algunos cierran los ojos y mantienen la actitud de espera por el resto de sus vidas. Además, el gobierno de Perón los adula. El representante del consorcio Siemens, Hans-Ulrich Rudel, un muy condecorado piloto de Stuka, es considerado en Argentina el sucesor sin corona de Hitler. Conforme a su rango, Perón pone un Mercedes-Benz a su disposición y su chofer es Willem Sassen, un criminal de guerra holandés. Rudel apadrina al médico de los campos de concentración Josef Mengele, quien en su primera época en Argentina no se esconde, sino que recibe un pasaporte de la Embajada alemana con su nombre real.

El golpe de Estado de 1955 cambia la situación y los nazis pierden a sus protectores políticos. Aunque la Junta militar no los persigue, ellos igual encogen la cabeza. Tras bambalinas, discuten sobre las razones de la derrota en la guerra y empieza a crecer la desconfianza mutua. Algunos pasan a ser casos de ayuda social, de los que se encarga la mutual de los camaradas, el *Kameradenwerk*. Y, por supuesto, reiteran los desesperados intentos de crear una estructura nacionalsocialista, un brote de Partido. Los empresarios son comprometidos a efectuar donaciones. Para la cobranza son enviados antiguos empleados jerárquicos del Partido, gente con conocimientos contables. Gente como Eichmann.

Aunque Eichmann no hubiese sido secuestrado, las redes de la SS no habrían logrado crear un nuevo Partido. Los jerarcas nazis están envejecidos, no existe una renovación generacional. La mayoría de los 50 mil nazis inmigrados regresan a Alemania, no para tomar el poder en Bonn, sino para no perder sus derechos jubilatorios. Allí guardan silencio sobre su pasado, aunque no por temor a un improbable procesamiento penal, sino para evitar el rechazo o el desprecio. La nueva generación de los sesenta enfrenta críticamente al nacionalsocialismo e incomoda a sus padres con preguntas sobre el holocausto. A fines de los años cincuenta, los nazis que permanecieron en Argentina comienzan a llevar una vida normal, pero en contraste con quienes regresaron, mantienen abiertamente sus costumbres y continúan viviendo en su mundo político imaginario. Los refugiados se transforman en emigrantes, pero siguen pensando en Alemania como lo que era en el momento de su huida: la patria nazi. Celebran sus tradiciones, festejan el solsticio de verano, veneran a los dioses paganos y se exaltan con los relatos de sus hazañas heroicas en el Cáucaso. En la repisa conservan *Mi lucha* y *Edda*, de la pared cuelga el retrato de Hitler y cada 20 de abril festejan el aniversario del Führer. Sobre la persecución de los judíos no se habla.

También es verdad que nadie les pide explicaciones. A los vecinos argentinos no les importa demasiado sus extravagancias y hacen chistes sobre los graciosos "Don Otto". Los interminables cuentos nazis del padre, sobre todo cuando recibe visita de Alemania, avergüenzan a los hijos de los emigrados. Pero no se rebelan contra sus mayores, como sucede en Europa en 1968. En todo caso, manifiestan una protesta silenciosa al negarse a aprender el idioma alemán.

La rebelión en Argentina comienza como parte de la lucha contra la dictadura que termina recién en mayo del 1973 con la asunción del peronista Héctor Cámpora. Muchos descendientes de alemanes participan en ella como integrantes de grupos armados, entre ellos el de la izquierda peronista, Montoneros. Rompen con Perón el primero de mayo de 1974 y Perón con ellos. Pero los Montoneros no elaboran un planteo crítico de la historia del movimiento peronista. Son tiempos movidos. La revolución, un tema diario. Luego, en marzo del 1976, se produce un nuevo golpe de Estado; este régimen aplica como método sistemático la detención y el secuestro cuyo resultado es la desaparición de miles de personas a quienes se acusa de "subversivos".

En los años noventa, el problema de los viejos nazis se resuelve por la vía biológica. Ingresan al reino de Votán, mueren pacíficamente en sus lechos. Por fin sus descendientes pueden retirar el busto de Hitler de encima de la estufa y venderlo en el mercado de las pulgas. ¿Y en la actualidad? En localidades como Villa General Belgrano, donde se habían radicado los marineros del Graf Spee, los "viejos camaradas" se transformaron en un evento folclórico. Las "guías de viajes nazis" se venden masivamente. Muestran los sitios donde llegó la flota de submarinos alemanes con los lingotes de oro, y el lugar donde Hitler y Eva Braun dieron a luz a un pequeño Adolfo. No existen límites para la imaginación cuando se procura estimular al turista. Incluso en la estancia de Jorge Antonio, en la Patagonia, el Führer y Martin Bormann parece que llevaron una vida a todo tren.

Este tipo de rumores, que encuentran suelo fértil en el periodismo alemán, impiden una discusión seria. También en Argentina el tema Perón y sus contactos nazis continúa siendo tabú. Sólo por mencionar el tema, más de uno ha sido tildado de "gorila". Antiguos militantes montoneros admiten los hechos, pero únicamente a nivel confidencial, fuera de micrófonos.

Notas

[1] Esto fue expresado por Bauer en varias entrevistas con la autora.

[2] Las fuentes más fiables sobre la escasamente investigada estadía de Eichmann en Argentina son: Zvi Aharoni/Wilhelm Dietl: *Der Jäger. Operation Eichmann*, Stuttgart 1996; Goñi, en el lugar citado, cap. 21, pp. 292-319, e Irmtrud Wojak: *Eichmanns Memoiren. Ein kritischer Essay*, Francfort del Meno, 2001. Muchos detalles se basan en la amplia investigación realizada, entre otros, por Robert Pendorf, en el año 1960 y publicada poco tiempo después del secuestro de Eichmann, compárese revista *Stern* Nº 24 y 29/1960.

[3] En una entrevista con la revista argentina *Noticias*, en enero de 2004, Antonio sostiene que Eichmann comenzó a trabajar en Mercedes-Benz en el año 1949, y que él mismo lo había contratado. Esto se contradice con la fecha de arribo de Eichmann a Argentina, a mediados de 1950. En una conversación en febrero de 2004 le señalé a Antonio esa contradicción. Él ya no estaba tan seguro sobre el año en cuestión –1949–, pero asevera que Eichmann comenzó a trabajar con su nombre verdadero en los inicios de Mercedes Benz Argentina. En qué tipo de tareas consistía su actividad, es algo que no recuerda.

[4] La siguiente descripción sobre Lothar Hermann y sobre el transcurso del secuestro se basa esencialmente en Aharoni/Dietl y Wojak, op. cit. La misma descripción es tomada por Uki Goñi.

[5] Citado por Aharoni/Dietl, op. cit., p. 105.

[6] Ibíd., p. 108.

[7] Carta de Wiesenthal a Nahum Goldmann, Nueva York. La fecha es ilegible, probablemente la carta es de 1953. NARA. CIA-File "Eichmann", Box 14 y 15.

[8] NARA, Box 14 y 15, Name Files.

[9] CIA Name Files, op. cit., Memorando del 21 abril de 1961, firmado por Dulles. Desclasificado en el año 2000.

[10] La información sobre la actividad de Eichmann proviene de la serie de publicaciones de la revista *Stern*, otras fuentes sostienen que estaba empleado como soldador.

[11] Entrevista con la autora en Buenos Aires, año 2000.

[12] Entrevista con la autora, emitida en los programas: *Wir Nationalsozialisten* (RB2, 06.06.1984, SFB 18.10.1983, 11.12.83) y *Dinero Nazi* (WDR3, 06.06.1994, HR 10.06.1994, DLF 13.08.1994).

[13] E-mail de DaimlerChrysler, sección Finanzas/Control, del 26 de julio de 2004 a la autora.

Capítulo 11

Un año decisivo: 1975

En los años sesenta los gobiernos democráticos se alternan con las dictaduras. A Mercedes Benz Argentina esto no la perjudica demasiado, paga buenos salarios y los trabajadores no organizan huelgas.

La clase obrera continúa fiel a Perón quien, desde Madrid, lanza consignas de resistencia. Durante los 18 años de exilio, los políticos argentinos visitan frecuentemente al general y a Jorge Antonio. La clase política argentina lo reconoce como el líder de la oposición.

En 1965 Ludwig Erhard es electo *Bundeskanzler*, esto es, jefe de Estado de Alemania. Los crímenes de los nazis son cosas del pasado. Recién cuando se suscitan las revueltas de alcance mundial es que la historia da vuelta la página. En 1967 muere el Che Guevara en Bolivia. Aparecen los Tupamaros en Uruguay, los movimientos contra la guerra de Vietnam en EE.UU. y violentas manifestaciones estudiantiles en Alemania.

En Argentina, obreros y estudiantes levantan barricadas contra el dictador Juan Carlos Onganía. Surgen movimientos guerrilleros: en 1965 el Partido Revolucionario de los Trabajadores (PRT) de raíz trotskista y posteriormente su brazo armado ERP y diversos grupos peronistas de izquierda. Montoneros, los "soldados de Perón" idolatran a Eva Perón, la "revolucionaria social".

"Montoneros se puso a disposición de las estrategias que el general Perón dictaba desde Madrid", explica el líder montonero Raúl Magario. El reclamo del regreso de Perón unifica al pueblo contra el enemigo: la oligarquía, las multinacionales, los "gorilas". El movimiento obrero hace frente a la corrupción sindical peronista. Se convoca a elecciones nacionales y el 11 de marzo de 1973 es electo presidente el peronista Héctor Cámpora quien, como lo prometiera por adelantado, a las pocas semanas de asumir renuncia al cargo para que lo ocupe Juan Domingo Perón. La población tiene la esperanza de recuperar el bienestar de los años cincuenta. Pero corren otros tiempos y el peronismo está dividido. El 20 de junio de 1973 el general regresa del exilio. En el aeropuerto de Ezeiza es recibido con sangrientos enfrentamientos entre peronistas de derecha y peronistas de izquierda.

Juan Domingo Perón se encuentra con un país distinto. No hay capital ni aliados para desarrollar un proyecto de reforma y fortalecimiento del mercado interno. Argentina es un país del tercer mundo, exportador de materias primas e importador de tecnología de punta. El relativo desarrollo industrial que se logra no es suficiente para permitir un salto en calidad.

El movimiento popular insatisfecho radicaliza sus acciones día a día. El general envejecido pierde el control y se une a los empresarios asociados con la burocracia sindical. Durante el acto del 1º de mayo de 1974, reprime y expulsa a los "muchachos", los montoneros, de la Plaza de Mayo. A partir de ese momento se aclaran los bandos. Montoneros se define por la liberación nacional revolucionaria, profundizando hacia los postulados socialistas los viejos sueños del fundador del peronismo.

Perón muere dos meses después y la situación se torna tensa. A diario se suceden las explosiones, los secuestros de empresarios y las ejecuciones de funcionarios sindicales "colaboradores del capitalismo y del imperio". Surge la Triple A, el escuadrón de la muerte integrado por policías y sindicalistas peronistas, sustentada por empresas que temen el retorno a la política peronista tradicional: la economía dirigida por el Estado. Liderada por el entonces ministro de Bienestar Social López Rega, la Triple A asesina abogados, diputados y líderes del movimiento social. López Rega, "el Brujo", ejerce una misteriosa influencia sobre Isabel Martínez de Perón, la viuda. Se comenta que ella le es incondicional.

Jorge Antonio, quien regresó a Argentina después de casi veinte años, junto con Perón, pierde influencia. Perón ya no lo escucha a él sino a Isabel, y ésta a su vez a López Rega. Tras la muerte del general la situación empeora. López Rega quiere desembarazarse de su competidor, Jorge Antonio. Luego de perder esta pulseada, y temiendo por su vida, Jorge Antonio abandona nuevamente el país.

También entre los sindicatos hay pugna por el poder. Después del asesinato de Dirk Kloosterman, José Rodríguez se convierte en dueño y señor del Sindicato de Mecánicos y Afines del Transporte Automotor (SMATA).

No se realizan elecciones internas y los convenios salariales se firman excluyendo a las bases. En todas las empresas los funcionarios de SMATA chocan con una gran resistencia, pero es en Mercedes Benz Argentina donde se forma un verdadero frente. Allí, el 8 de octubre de 1975, unos cuatro mil trabajadores levantan barricadas. Reclaman elecciones limpias para la integración de la Comisión Interna y una nueva comisión paritaria para negociar otro convenio laboral.

SMATA contragolpea exigiendo a la Empresa el despido de unos cuatrocientos trabajadores, los principales impulsores de la lucha. Sin atender al reclamo de cuatro mil manifestantes y sin formar siquiera una comisión de conciliación, la huelga es declarada ilegal por el ministro de Trabajo, el peronista Carlos Ruckauf. Mercedes Benz Argentina anuncia el despido de 115 "conocidos activistas y elementos extremos", según consta en anotaciones en el acta del director Klaus Oertel.[1] Tras el golpe de Estado muchos de estos despedidos son secuestrados. Hasta hoy, no hay rastro de ellos.

La huelga continúa. El 24 de octubre de 1975 son los trabajadores los que eligen una comisión interna, el "Grupo de los nueve". La empresa apoya a SMATA, que declara nulas las elecciones de esta comisión.

Ese mismo día, Montoneros secuestra al jefe de Producción de MBA, Heinrich Metz, ignorando probablemente que tenían en su poder a un vigoroso nazi de antaño. "Las operaciones que Montoneros llevaba adelante eran producto de la estrategia que fijaba la conducción nacional. No era necesario coordinar con las comisiones internas. Lo importante eran los objetivos. Y los objetivos eran comunes", según narra el montonero Raúl Magario, quien años después fue acusado del secuestro.

Los trabajadores no logran comprender lo que sucede. Ramón Segovia, un antiguo operario de MBA, recuerda:

> Había una posibilidad de negociación y de llegar a un acuerdo con la fábrica. Ocurre el secuestro y la reacción de todos los obreros fue de confusión. No entendíamos si era una maniobra de la empresa o un verdadero secuestro o una maniobra de la empresa junto con el sindicato para quebrar nuestra moral de lucha.

La confusión se aclara cuando Montoneros exige la revocación de los despidos. La empresa cede y reintegra a los trabajadores despedidos. Los guerrilleros demandan ahora un rescate. A los dos meses la casa matriz paga 7,5 millones de dólares –según su versión– que son reconocidos por la Dirección Impositiva de Stuttgart como "gastos" deducibles del pago de los impuestos. Pero en Argentina los gerentes de Mercedes, De Elías y Cueva, pagan un rescate de solamente 4 millones. Así lo han testificado bajo juramento. Sin embargo, Julio Alsogaray, entonces montonero, dice haber recibido de la Columna Sur de Montoneros "dos bolsas con un millón de dólares cada una, procedentes del secuestro de Metz". En la Navidad de 1975, Metz es dejado en libertad, abandona la "Cárcel del pueblo" y regresa a Alemania.

Para explicar esa extraña inflación del rescate, DaimlerChrysler alega, veinticinco años después, ante la Fiscalía de Nuremberg, que "en los costos operativos tributarios están comprendidos todos los gastos adicionales ocasionados por el secuestro, como pasajes de avión, etcétera".[2]

Tres hombres son los que asumen la Dirección en Buenos Aires durante el secuestro de Metz. Hombres con experiencia: Pedro de Elías, colaborador de Antonio; Karl-Friedrich Binder, quien durante el nacionalsocialismo construía motores de avión en la fábrica de Daimler en Berlín-Marienfelde y William Mosetti, durante años agente secreto de EE.UU., salvador de Mercedes Benz Argentina.

El secuestro ocurre durante el gobierno de Isabel Perón mientras todavía funcionan las instituciones democráticas. No obstante, la Empresa desde un principio no recurre a la Policía sino a los militares.[3] Mosetti quiere que los militares lleven a cabo la investigación para atrapar a los secuestradores. Tras el golpe de Estado, en marzo de 1977, de Elías, el director de Mercedes, celebra

> [...] los éxitos en el restablecimiento del orden, y el combate de la subversión [...]. En estos días se alcanzaron resultados importantes en la reacción militar en contra de la guerrilla, fue eliminado uno de los responsables del secuestro de Metz.[4]

El expediente judicial es incoado recién diez años más tarde.[5] Las primeras tres páginas contienen la denuncia efectuada ante la Policía política, en la que el director de la Empresa vincula a integrantes del gremio con el secuestro. Durante diez años no se registra nada más en el expediente. La página número cuatro está fechada en el año 1985.

Klaus Oertel, enviado desde Alemania por la casa matriz a mediados de los años setenta, habla poco español, no sabe casi nada de Argentina y se preocupa sobre todo por su propia seguridad. A diferencia de aquéllos que nunca quisieron saber, la sede central de la Empresa conoce los procedimientos militares: torturas y asesinatos. Métodos que rinden beneficios al Capital. El terror paraliza a la gente. El sabotaje llevado adelante por los trabajadores de MBA, como medida de protesta contra la dictadura y sus aliados, baja su intensidad y la productividad vuelve a alcanzar los niveles anteriores al golpe de Estado.

La eficacia de este método ya había sido comprobada anteriormente. Durante el Tercer Reich, las células de resistencia en la fábrica de Daimler en Berlín-Marienfelde eran señaladas ante la Gestapo y ésta se encargaba de hacer el resto. En la Argentina de los años setenta, son los militares quienes se encargan de hacer desaparecer a los trabajadores "subversivos". En la Alemania nazi se cumplía con los procedimientos: quienes organizaban la resistencia contra el régimen terrorista –como el grupo del activista Erich Prenzlau en la planta en Berlín– terminaban ante el Tribunal Popular *(Volksgerichtshof)*. Anteriormente, este militante del Partido Comunista Alemán había escondido a una familia judía de apellido Rothschild en su casa. Pero su pecado mortal fue el de haber lanzado la consigna: "Disminuyan la productividad". Prenzlau y sus amigos fueron acusados de "alta traición", "desmoralización de las fuerzas defensivas" y "favorecimiento del enemigo. La primera Sala del Tribunal Popular de Berlín los condenó a la pena de muerte. Prenzlau fue ejecutado en septiembre de 1944 en Brandenburgo.[6]

¿Habrá recordado Karl-Friedrich Binder la probada eficacia de estos métodos, al calificar como una "capitulación" la readmisión de los trabajadores despedidos luego del secuestro de Metz en 1975?[7]

En esos días se forma un frente común integrado por el sindicato amarillo SMATA, el ministro de Trabajo Ruckauf y la Dirección de la Empresa. Está implícito en el contenido de un documento que hace 26 años duerme en los archivos del sindicato metalúrgico de Alemania, la "IGMetall". En ese documento, Hanns Martin Schleyer, director de Daimler-Benz y presidente de la patronal, explica:

Los despidos correspondían a una recomendación urgente del entonces ministro de trabajo (Ruckauf) y de la Dirección del SMATA, la cual había previsto un número mayor de despidos.[8]

El 21 de julio de 1975, entra en vigencia en MBA un convenio laboral negociado por SMATA con todas las fábricas automotoras. Una cláusula de este convenio prevé el pago del uno por ciento de las ventas a un fondo secreto para "erradicar elementos negativos de la fábrica". Fondo a disposición exclusiva de la Dirección de SMATA, sin control alguno. La plantilla del personal de MBA nada sabe de este fondo secreto. "Lo único que menciona el delegado de SMATA en la asamblea es que se había firmado el Acuerdo", según narra Segovia, un antiguo trabajador, "nadie nos pidió nuestra opinión". Durante esa asamblea el "Grupo de los nueve" es amenazado por patoteros armados con revólveres y ametralladoras. "Los matones armados del sindicato fueron echados por cuatro mil trabajadores" (Segovia).

De ahí en adelante la dirección de la Empresa negocia directamente con la Comisión Interna, el "Grupo de los nueve". De ese modo, a fines de 1975 pocos meses antes del golpe de Estado, la situación es relativamente tranquila. Para MBA, José Rodríguez ya no controla la situación en la fábrica. A diferencia de las otras empresas del sector ni siquiera le paga el uno por ciento para la "erradicación de los elementos negativos en la fábrica" acordado en el convenio salarial.

El mandamás sindical –José Rodríguez– disgustado, ataca a la Comisión Interna a través de diarios y cartas abiertas.[9] La acusa de ser "prohijada por la subversión" y tilda a la huelga de cuatro mil trabajadores de ser un "acto típico de la guerrilla industrial". Calificación que, en los tiempos de la Triple A, puede llegar a ser una sentencia de muerte.

Sobre la utilización del uno por ciento mencionado, el jefe de SMATA no rinde cuentas. Hasta el día de hoy no lo ha hecho. Antes de que alguien se preguntase por el destino de esos fondos, José Rodríguez escurre el bulto. El 24 de marzo de 1976, los militares toman el poder. Son prohibidos todos los sindicatos e intervenidos por los militares. Sindicalistas opositores son secuestrados y torturados. También fueron perseguidas personas de la confianza de SMATA –como sucedió en Ford– y otros gremialistas. A Rodríguez no le sucede nada.

Notas

[1] Prof. Dr. Christian Tomuschat: "Mercedes Benz Argentina zur Zeit der Militärdiktatur" ("Mercedes Benz Argentina en el tiempo de la dictadura militar"), diciembre, 2003, (*Informe Tomuschat*), p. 41. El informe debe ser solicitado a través de DaimlerChrysler en Stuttgart. Las críticas pormenorizadas se encuentran publicadas en la Website de los Accionistas Críticos (*Kritischen Aktionäre*): www.kritischeaktionaere.de/Konzernkritik/DaimlerChrysler.

[2] DaimlerChrysler a la Fiscalía de Nuremberg, carta del 22 de octubre de 2001, expediente N° 407 Js. 41063/98

[3] Informe p. 48.

[4] Citado por Informe Tomuschat, p. 59.

[5] El expediente de la causa 959/85 se encuentra en el Juzgado Federal en lo Criminal y Correccional N° 1 de San Isidro.

[6] Citado de la sentencia del tribunal de Berlín, Kammergerichtes, del 16 de marzo de 1944, juicio contra Schöne y otros. Heinrich-Wörmann: *Widerstand in Schöneberg und Tempelhof*, Berlín, 2002, p. 149. El método de denunciar a trabajadores sospechosos de sabotaje a la Gestapo no solamente se practicaba en la fábrica en Berlín, sino también en la fábrica de Daimler en Mannheim. En Mannheim, las fuerzas nazis de represión mataron a trabajadores forzados por mal rendimiento en el trabajo. Peter Koppenhöfer: *In Buchenwald war die Verpflegung besser, KZ-Häftlinge bei Daimler-Benz Mannheim*. Roth: p. 514.

[7] Citado por Tomuschat. Binder muere en 1976 en un accidente de avión en Brasil.

[8] Carta de Hanns Martin Schleyer del 19 de mayo de 1976, Archivo IG Metall.

[9] Rodríguez en una carta del 4 de noviembre de 1975 al Ministerio de Justicia, el documento se encuentra en la Corte de Apelación de La Plata, Juicio por la Verdad, Causa Reimer N° 407.

Capítulo 12

El golpe de 1976, la represión

El 22 de marzo de 1976, dos días antes del golpe de Estado, Jorge Antonio regresa a Buenos Aires. No cometerá el mismo error de 1955. Esta vez, estará del lado ganador. Tiene la esperanza de que la Junta Militar del general Jorge Videla desbanque a su adversario López Rega. Y hace bien. Los militares toman la represión en sus propias manos.

Noche tras noche los opositores son arrancados de sus casas y desaparecen. Las plantas industriales son "limpiadas". Los gerentes de las fábricas colaboran codo a codo con las fuerzas represivas. Las secciones de Administración del personal informan a los soldados sobre las direcciones domiciliarias y ellos se encargan del resto. Lo hacen siguiendo un orden: secuestro nocturno, tortura, asesinato. A la mayoría los tiran al mar desde un avión.

La población reacciona frente el terrorismo de Estado como es habitual: se paraliza y se retira. Tampoco hay resistencia cuando José Alfredo Martínez de Hoz, hasta entonces abogado de cabecera de Siemens Argentina, anuncia un nuevo modelo económico. Abre las fronteras mercantiles, baja los impuestos aduaneros y obtiene cuantiosos créditos extranjeros. Se privilegia la importación de mercancías frente a la producción. Se pierden puestos de trabajo en forma irrecuperable.

El 29 de abril de 1976 la represión actúa en Mercedes-Benz. Juan José Martín es apresado por un comando del Regimiento de Infantería La Tablada. El jefe de la sección Bielas guía a los soldados hasta el lugar de trabajo de Martín. Los capataces y los jefes observan. Conociendo su domicilio, los soldados lo llevan hasta su casa, roban las alhajas de su esposa e incautan un regalo que recibió de su hermano. Un libro titulado *¿Qué es el comunismo?*

Luego lo conducen hasta la Comisaría de San Justo, un temido centro de torturas. Allí es sometido a maltratos y picana eléctrica. Nadie tiene conocimiento de su paradero, la familia busca en vano. Únicamente la empresa está al corriente. Una semana después del secuestro, el director De Elías anota en el protocolo de Dirección 20/76 "que las autoridades militares detuvieron a un obrero dentro de la planta; en el registro de su vivienda fueron hallados libros marxistas prohibidos".[1]

Son los compañeros de Martín quienes le salvan la vida. Unos mil trabajadores apostados durante 24 horas delante del cuartel de La Tablada reclaman por su liberación. A los 19 días Martín es dejado en la puerta de su casa. El día previo a su liberación, Mercedes-Benz envió un telegrama instándolo –"después de pasar por lo que tuvo que pasar"– a tomarse una licencia paga. La Dirección de la Empresa sabe dónde está detenido, sabe qué le ocurre y sabe cuándo será liberado. El jefe de Producción Juan Ronaldo Tasselkraut, años después, admite abiertamente:

> Sabíamos exactamente quiénes participaban en ese tipo de actividades.
> Pregunta: ¿Usted sabía en aquel entonces, lo que ocurría con esta gente, con este tipo de gente?
> Sí, el que conocía algo de Argentina sabía, a las claras, que contra todo sentido humano y contra todo derecho humano, en Argentina se erradicaban personas.

Tasselkraut es catalogado por los obreros como un jefe particularmente autoritario y de trato brutal. Su gran preocupación es que la productividad de la mano de obra bajó a un treinta por ciento. El sabotaje es cotidiano. Es la única forma que tienen los trabajadores para protestar contra la dictadura, socia en los negocios de la patronal.

El 14 de diciembre de 1976, con la segunda ola represiva, les toca el turno a Miguel Grieco, José Vizzini y Alfredo Martín. Grieco renunció hace meses, pero aún mantiene contacto con sus antiguos compañeros de trabajo. Él es el primero en ser detenido. Al poco tiempo se llevan a Vizzini. Su mujer embarazada, Juana, y su hijo Fabio de un año de edad presencian la detención. La empresa continúa pagando los salarios de los desaparecidos, en algunos casos durante diez años, abonando al final una indemnización como si el obrero desaparecido hubiera trabajado hasta ese momento. También paga un colegio privado para Fabio, quien hoy trabaja en la fábrica de González Catán. SMATA permite a Juana recibir asistencia médica en la obra social del sindicato. No es de extrañar que Juana haya guardado silencio durante tantos años.

Alfredo Martín fue fundador del sindicato Asociación del Personal Superior (APS) en MBA. La APS organiza su propia obra social y no quiere tener vinculación con la corrupta SMATA. Martín tiene el cargo de supervisor, es ciudadano español, socialdemócrata, admirador de Felipe González. No tiene mucha vinculación con la oposición sindical, el "Grupo de los nueve". Forma parte del personal de dirección, pero es respetado por los trabajadores.

El 14 de diciembre los uniformados toman su casa por asalto. Amenazan a su mujer y a sus hijos con armas largas y roban los ahorros. Se llevan a Alfredo Martín con los ojos vendados a la Comisaría de San Justo. Allí lo torturan y le hacen preguntas sobre sus compañeros. El comisario Rubén Lavallén es quien dirige el interrogatorio. Alfredo Martín se topará nuevamente dentro de dos años con Lavallén, como jefe de Seguridad en MBA. A la mañana siguiente del interrogatorio, pocas horas después de ser liberado, Martín concurre a su lugar de trabajo en González Catán. El jefe de Producción Tasselkraut lo está esperando. Estando ya enterado de lo sucedido quiere conocer los detalles.

Los asesinatos de Grieco y de Vizzini no logran quebrar la resistencia de los trabajadores. Destruyen máquinas, trabajan más lento. Según las declaraciones que más adelante hace Tasselkraut a los jueces, su principal preocupación eran las cifras del balance anual:

> Como si en el centro industrial hacía 27 grados, se paraban las actividades y el personal salía a tomar sol en verano. El rendimiento de la fábrica no llegaba al 30 por ciento. Se dañaban instalaciones casualmente, permítame que lo llame casualmente, instalaciones que eran conocidas por ser instalaciones cuello de botella, daños que no tenían explicación, que no permitían continuar con la producción. Usted sabe que sin un motor no se puede montar un camión. Y constantemente se rompían las máquinas sin explicaciones, se encontraban elementos en las máquinas ajenos a ellas, en

fin. Eran actividades que no tenían nada que ver con una actividad normal de trabajo.

Pregunta: Lo que usted dice era prácticamente sabotaje. ¿Usted liga ese sabotaje a la Comisión? ¿Este sabotaje tenía que ver con el "Grupo de los nueve"?

No ligo directamente a la actividad de la Comisión, pero yo no creo que una mayoría pasiva esté totalmente de acuerdo con eso y luego después de un tiempo prudencial no volvieron a suceder esas cosas, o sea, milagros no hay, doctor.[2]

4 de enero de 1977: la Comisión Interna ha concurrido a la oficina central de MBA, en la calle Libertador 2424. Quieren negociar un suplemento salarial con la patronal. La dictadura ha prohibido todo tipo de negociaciones salariales, pero la Dirección de la Planta de producción necesita alguien con quien dialogar. En la reunión participan, entre otros, Esteban Reimer, Hugo Ventura, Eduardo Fachal y Julio Barreiro. Para asombro de los obreros las negociaciones con De Elías transcurren armoniosamente. Se les sirve un cafecito. Al estar prohibidos los aumentos salariales, se acuerda un suplemento especial. La despedida es cordial.

Para De Elías el cabecilla es Reimer y lo denuncia ante las fuerzas represoras, como encargado de propaganda y "agitador". El 5 de enero de 1977 a la una de la madrugada, se lo llevan de su casa. Su mujer, María Luján, recuerda: "Ellos sacan una lista, preguntan por su nombre y lo tachan de la lista, dicen que vienen por la Empresa". Nunca más lo volvió a ver.

Esa misma noche se llevan a Hugo Ventura. Los soldados allanan primero la casa lindera que es la dirección que consta en la Administración de MBA. La última vez que Reimer y Ventura fueron vistos con vida es en la Comisaría de Avellaneda, según declara años después otro detenido. En ese momento en la Comisaría manda Rubén Lavallén, posteriormente jefe de Seguridad en MBA.

Los restantes miembros de la Comisión Interna sobreviven. Fachal duerme cada noche en un lugar distinto. Son allanados los domicilios de Estivill y de Barreiro. Apenas logran evitar ser detenidos. Otros, temiendo por su vida, presentan su renuncia a la Comisión. De ese modo queda despejado el camino para la gente de SMATA, los compinches de José Rodríguez ocupan posiciones.

Aún así no cesa el sabotaje. A mediados de agosto de 1977 la situación es delicada. En anotaciones de actas, los directores de MBA dejan constancia de su disconformidad con la negativa de los trabajadores para cumplir horas extras, y por la "situación crítica" resultante: las consecuencias para la producción son "graves".

12 de agosto de 1977. Héctor Ratto se casó hace poco tiempo. Aún no ha comunicado a la Empresa su nueva dirección. La Policía quiere apresarlo en el portón de la Fábrica, pero comete un error: en lugar de Héctor detienen a Juan José Ratto. Lo llevan a una oficina dentro de la Fábrica, donde lo maltratan y finalmente se dan cuenta de su error. Héctor Ratto ya está en su puesto de trabajo.

Para evitar un paro como en el caso de Juan José Martín, la Dirección de la Fábrica intenta que Ratto salga del local. El capataz le dice que su mujer llamó por teléfono pidiendo que fuera de inmediato a su casa, porque había sucedido un accidente. Le ofrece la tarde libre. Ratto sospecha y no se retira, continúa trabajando en su máquina con el propósito de pasar desapercibido con el cambio de turno. El jefe de Producción Tasselkraut evita su escape y lo acompaña hasta su despacho donde esperan dos policías para llevárselo. Les explica que entregará a Ratto solamente a los militares que acudirán en la tarde. Mientras esperan, Tasselkraut atiende el teléfono y comunica a los policías la dirección del domicilio del obrero Diego Núñez. Esa misma noche se llevan a Núñez.

Ratto es llevado al cuartel de Campo de Mayo. Lo torturan salvajemente. Durante meses sufre una parálisis en ambos brazos. Mientras lo torturan reconoce las voces de sus compañeros de trabajo Gigena, Mosquera, Arenas, Leichner, Delcontte y Diego Núñez. Ninguno de ellos sobrevive. Solamente Ratto es dejado en libertad después de un año y medio, presumiblemente porque hubo testigos en el momento de su detención.

Casi todos los nombres de los diez trabajadores de Mercedes que fueron apresados en agosto de 1977, figuran en la lista de los "elementos radicales" despedidos por la Empresa en octubre de 1975. Tras su "desaparición" la producción vuelve a alcanzar los niveles normales. El terror ha rendido sus beneficios.

El mejor cliente de MBA durante la dictadura son las Fuerzas Armadas. El presupuesto de Defensa está al alcance de las manos y no hay limitaciones para la adquisición de equipo bélico. Y en todas las adquisiciones de armamento se facturan elevadas "comisiones", coimas pues.

Antes del retorno de los militares a sus cuarteles, los generales regalan a la Empresa 92 millones de dólares. En julio de 1982, devalúan el peso y muchas empresas se perjudican al tener deudas en dólares. Por regla general, las empresas multinacionales se aseguran contra las fluctuaciones de los tipos de cambio, mediante la compra de opciones de futuro a una cotización determinada. Pero el presidente del Banco Central, Domingo Cavallo, convierte el endeudamiento privado en deuda pública. Y así comienza el problema de la deuda externa. La operación de 1982 le cuesta al contribuyente 23 mil millones de dólares.[3]

Notas

[1] Citado por el *Informe Tomuschat*, p. 73.

[2] Declaración Tasselkraut en el Juicio por la Verdad, La Plata, 2001, Causa Esteban Reimer 407.

[3] Citado en *La complicidad del poder económico con la dictadura, el caso Mercedes-Benz*, Serpaj, Buenos Aires, 2003.

Capítulo 13

La democratización desde 1983 y la amnistía

En octubre de 1983 la Unión Cívica Radical gana las elecciones. El nuevo presidente, Raúl Alfonsín, promete el esclarecimiento de los crímenes militares y el castigo de los culpables. Hace declarar a los comandantes de la Junta Militar ante la Justicia. Héctor Ratto comparece como uno de los tantos testigos en la Causa 13, el "Juicio del siglo". Brinda testimonio sobre su detención en la fábrica, sobre la colaboración del gerente Tasselkraut con los represores y sobre lo que presenció en Campo de Mayo. Los jueces consideran que los testimonios son veraces y sentencian a los comandantes a cumplir severas condenas en prisión.

En los cuarteles aumenta la inquietud. Precavidamente el gobierno de Alfonsín desarrolla la "Teoría de los dos demonios". Sin analizar el reciente pasado histórico, sostiene que fue la violencia de izquierda la que provocó el terrorismo de Estado. No reconoce que la lucha armada de un grupo guerrillero fue la expresión más radicalizada de un amplio movimiento social, que enfrentó a la dictadura y la violación de los derechos humanos. En consecuencia, resuelve que ambas partes sean llevadas ante la Justicia. Sucesos antiguos son desenterrados para abrir procesos contra los guerrilleros. Entre los empolvados archivos aparece el expediente "Secuestro Heinrich Metz". El mismo se inicia con la denuncia de Mercedes-Benz contra gremialistas. Entre ellos figura Eduardo Olasiregui, dado de baja en MBA en 1969.

En abril de 1987 doce años después del secuestro, Olasiregui recibe una citación policial. Metz pretende haberlo identificado como uno de sus secuestradores a través de fotografías. Seguramente lo conocía personalmente como gremialista combativo de los años sesenta. Olasiregui era simpatizante del Partido comunista y éste consideraba que los guerrilleros eran "pequeño-burgueses radicalizados". Pero Metz, nazi tradicional, siempre ha sospechado de los comunistas. Dos años y medio permanece Olasiregui en prisión preventiva.

En 1989 asume la Presidencia el peronista Carlos Saúl Menem. Indulta a los comandantes de la Junta y a algunos guerrilleros, entre ellos a los secuestradores de Metz. El montonero Raúl Magario acepta el indulto y es dejado en libertad. Olasiregui no acepta, insiste en un pleito y es absuelto.

Durante los años siguientes en Argentina, la dictadura y los atropellos a los derechos humanos son declarados temas del pasado. Las leyes de "Punto Final" y "Obediencia debida", promulgadas ya en los tiempos de Alfonsín, significaron un duro golpe para los movimientos en defensa de los derechos humanos. Muchos se retiran de la militancia, decepcionados. Otros la transforman en una fuente de ingresos. Actualmente varias organizaciones de defensa de los derechos humanos reciben aportes de la fundación Ford. Durante la dictadura, esta empresa también había apoyado activamente a los militares en los operativos de "limpieza" de gremialistas en sus fábricas y talleres.

La deuda externa se multiplica, los sueldos caen. En el Río de la Plata no ocurre ningún "milagro económico". En Alemania el terrorismo de Estado saquea a otros países y luego oculta el producto en Argentina. Simétricamente, durante el terrorismo de Estado argentino el país es saqueado y luego su situación empeora. El presidente Menem con su política neoliberal traiciona los principios básicos del peronismo. Establece "relaciones carnales" con EE.UU. y flexibiliza las leyes de derecho laboral. El quehacer político se subordina a la economía, invirtiendo la dependencia que se daba durante el primer gobierno de Perón.

También en Alemania se agota el modelo de la economía social de mercado. La reunificación alemana tiene costos astronómicos, aumenta el endeudamiento, el sistema social empieza a desarticularse. La semana de 35 horas laborales pertenece al pasado. Las patronales proclaman que los alemanes se han vuelto haraganes. Reclaman nuevos ajuste y el esfuerzo de "trabajar-hasta-desfallecer", como el "laborioso alemán" de 1945, que en lugar de quejarse, puso manos a la obra levantando a la patria de entre las ruinas y las cenizas, hacia el bienestar. No mencionan el dinero robado con el cual lograron ese bienestar.

Capítulo 14

Global por los derechos humanos

En agosto de 1999 se emite en la radio Westdeutscher Rundfunk (WDR) mi primer programa sobre los gremialistas desaparecidos de Mercedes Benz Argentina.[1] En representación de la Asociación de Abogados y Abogadas Republicanos (RAV), el abogado berlinés Wolfgang Kaleck formaliza una denuncia contra DaimlerChrysler por complicidad en asesinato. La Fiscalía del Estado en Nuremberg inicia las investigaciones.

El caso se transforma en un ejemplo de cooperación internacional, una extraña alianza intercontinental, sin alineamiento político y sin una estructura fija. En EE.UU., los abogados Daniel Kovalik y el *International Labor Rights Fund*. En Alemania, los Accionistas Críticos de DaimlerChrysler (*Kritische Aktionäre*), el *Labour Net* y la Oficina de Información para Latinoamérica (*Informationsstelle für Lateinamerika*). En Argentina, se integra un grupo con ex trabajadores de MBA y familiares de los obreros desaparecidos. En representación de ellos, el abogado Ricardo Monner Sans formaliza la denuncia por asociación ilícita. Se acusa a Mercedes Benz Argentina, a José Rodríguez y a los militares.

Desde 1973, Rodríguez es el secretario general del sindicato del sector automotor SMATA y vicepresidente de la Federación Internacional de Trabajadores Metalúrgicos (FITIM). A pesar de las graves acusaciones en contra de Rodríguez, por el papel desempeñado durante la dictadura militar, el entonces presidente de la FITIM, Klaus Zwickel, jefe también del poderoso sindicato alemán de los metalúrgicos IG Metall, evita cualquier discusión en el seno del organismo internacional. En el Foro Social Mundial 2003, en Porto Alegre, el delegado del sindicato metalúrgico brasileño amenaza con su retiro de la presidencia de la FITIM. En mayo del mismo año el Comité ejecutivo de la FITIM suspende a Rodríguez y lo separa del cargo. SMATA abandona la FITIM como forma de protesta. El nuevo vicepresidente es Francisco "Barba" Gutiérrez, un ex preso político.

El tribunal del Juicio por la Verdad en La Plata asume el caso. No es su función dictar sentencias, sino esclarecer el destino de los desaparecidos. Me presento como testigo y al ser citada presento, a mi vez, una lista de testigos: las víctimas que sobrevivieron, así como los gerentes, los torturadores, los sindicalistas y el entonces ministro de Trabajo, Carlos Ruckauf. Éste se presenta ante el juez como una "víctima de la dictadura". No da explicaciones sobre la falta de control del fondo establecido en el convenio laboral, para la "erradicación de elementos negativos en la fábrica". Al abandonar el juzgado el grupo H.I.J.O.S lo hizo blanco de huevos y tomates arrojados hacia su cabeza.

El jefe del sindicato Rodríguez se refugia en las lagunas de su memoria. Alega ante los jueces que recién después de la dictadura se enteró que existían "desaparecidos". Él suponía que los trabajadores de MBA no estaban "desaparecidos", sino sólo detenidos. ¿Por qué no intercedió a favor de ellos? No lo recuerda.

El Juicio por la Verdad cita a declarar al director de Ventas de MBA, David Filc. Había sido contratado por William Mosetti en febrero de 1960, poco antes del secuestro de Eichmann. En el curso de una entrevista sobre otro tema, Filc me comentó, sin darle mayor importancia, que durante la dictadura su Empresa había entregado a los molestos gremialistas.

Ante los jueces ya no lo recuerda. Relata sus conversaciones privadas con los generales del Ejército, el mejor cliente de MBA. Ellos le han explicado, entre el postre y el cafecito, la forma en que proceden los "grupos de tareas" contra los enemigos del régimen. Filc, un hombre culto, recibe una considerable pensión de DaimlerChrysler.

Debe comparecer Rubén Lavallén, quien hasta 1978 fuera jefe del centro de torturas en San Justo. Participó en el secuestro y en la tortura de los obreros molestos de la MBA.

Yo ingresé a la Mercedes Benz Argentina el dos de julio de 1978. Yo allí conocí y traté a la Comisión Interna de esa época, de la cual no recuerdo el nombre, pero sí tuve muy buen trato con todos ellos, de ninguna manera me recordaron y me dijeron hechos anteriores, así que yo he mantenido muy, muy buena relación con todos y con los operarios. La Empresa me dio la facultad a mí de que yo sacara todo el personal que consideraba que no estaba apto para cumplir esas funciones y el concepto que tenía, y que tengo, es que una empresa como Mercedes-Benz que pagaba muy, muy bien, dos o tres veces más de lo que ganaban en Policía. Y bueno, entonces militares, de Marina, de Policía que trabajaban en la Empresa, porque la mayoría eran retirados, lo único que hacían iban a aplicar las mañas que habían aprendido en algún otro lado en la Empresa esa que pagaba tanto. Como yo ganaba en la empresa Mercedes-Benz, me pagaba cinco veces más de lo que yo ganaba en Policía... Policía me pagaba 70 pesos Ley 18.188 como subcomisario y la Empresa me pagaba 570 pesos por mes, con tres aguinaldos completos al año y beneficios a las ganancias todos los meses de abril, todos los... abril de todos los años. (Lavallén, 24 de abril de 2002).

¿Torturas en su Comisaría? De eso pretende no haber tenido conocimiento. Había un área al mando de los militares.

Eso se llamaba Área Restringida y era manejada por los militares. Allí no tenía acceso ningún personal de la Brigada, sino personal que tenían los militares, a mí no me consta en absoluto de que ellos hayan tenido allí un centro de personas detenidas ilegalmente, todo eso no me consta. Hay un refrán que es muy viejo y así como es de viejo, es cierto "donde manda capitán, no manda marinero" y usted... no se podía... yo con qué necesidad yo me voy a meter a un área que me dicen "Área Restringida", qué voy hacer yo allí, no soy tonto yo... qué voy hacer allí, si no lo dejaban pisar, no lo dejaban estar allí, me entiende. No me consta que haya habido absolutamente nada raro, pero tampoco me interesé por saberlo.

En abril de 2004 es emitida la orden de arresto contra Lavallén. Hasta el momento de la de edición de este libro, el torturador permanece prófugo.

Se cita al jefe de Personal, Arnoldo Ceriani:

La empresa estaba funcionando aproximadamente en un 50 por ciento, 40 por ciento de su producción. Teniendo en cuenta los medios que disponía y la gente que también son medios. Bueno, se producía la mitad. Nos resultaba casi imposible poder contrarrestar eso, y no era un conflicto originado porque la Comisión Interna dijera: señores, desde mañana paran o hacemos esto. No. Nosotros nunca pudimos probar que la Comisión Interna diera las órdenes de efectuar un paro o de producir menos. Es decir, yo nunca tuve el elemento probatorio de eso. Puedo conjeturar de que la Comisión Interna por supuesto tenía sus medios, sus delegados, sus medios de hacer eso. (20 de marzo de 2002).

Rubén Cueva, ex director de asuntos jurídicos en MBA, declara que la Empresa mantenía una "red de espionaje", para estar informada sobre los asuntos discutidos en las asambleas de los trabajadores. "Era una política de la Empresa, por ejemplo para fiestas navideñas, se mandaban regalos empresarios y entre los regalos iban a las comisarías que estaban en los alrededores de la empresa." Cueva admite haber entregado a la Policía política, el día del secuestro de Metz, los nombres y las direcciones de los domicilios de los gremialistas. Hugo Ventura, denunciado de ese modo, fue secuestrado y permanece desaparecido desde entonces. Otros sufrieron allanamientos y lograron huir. La mayoría renunció a su trabajo. Salvaron sus vidas. Cueva:

Era mi obligación de hacer la denuncia por un hecho ilícito por el cual un compañero de trabajo fue privado de su libertad. Nosotros lo tomamos así. Era un señor que recibía un sueldo mensual, no era ningún adinerado o cosa que se parezca, y que de golpe estos señores dijeron "vos no seguís más en libertad" y lo llevaron. Pregunta: ¿Qué diferencia hay entre el compañero Metz y el compañero Reimer? ¿Cómo no haber formulado una misma denuncia ante el departamento central de Policía?
No, no, no. ¿Qué diferencia hay? Para mí, ninguna.
Pregunta: ¿Pero por qué no se hizo la misma denuncia que se hizo por Metz?
Porque para nosotros no fue un hecho que tuviera, digamos, connotación, es de conocimiento de un delito. Para nosotros desaparecieron. Esa gente. No sabíamos otra circunstancia. Tal es así, que nunca se interrumpió el vínculo laboral.

Pregunta: ¿Como se le hubieron (sic) pagándole a las familias?
Claro. Sí. Pero diferencia humanamente, no. (3 de abril de 2002).

La Justicia está, en este caso, sobreexigida. Tanto en Alemania como en Argentina falta la voluntad política. El Juicio por la Verdad en La Plata reúne evidencias, pero no está habilitada para sentenciar. El desenlace del proceso penal en la Fiscalía en Buenos Aires por "asociación ilícita para delinquir" es incierto. Y después de cuatro años, la Fiscalía en Nuremberg suspende las investigaciones. Alega que no está probado el asesinato de los desaparecidos, tal vez algún día vuelvan a aparecer.

En enero de 2004, los abogados estadounidenses Daniel Kovalik y Terry Collingsworth formalizan, en la Corte Federal de San Francisco, una demanda civil contra DaimlerChrysler. Estos abogados conocen su oficio. Ya han demandado a la Coca-Cola y a una compañía petrolera de EE.UU. por sustentar a los paramilitares colombianos. En sus querellas invocan el *Alien Tort Claims Act,* una ley del año 1789, según la cual extranjeros pueden recurrir a las cortes estadounidenses en ciertos casos.

La jurisprudencia de EE.UU. es prometedora. La Empresa puede ser obligada a presentar toda su documentación. Además corre el riesgo de perder un importante mercado para sus productos. Y las cifras por concepto de indemnización pueden llegar a ser muy altas. En definitiva, la violación de los derechos humanos, que en su momento le reportó beneficios incrementando la productividad, a largo plazo puede transformarse en un pésimo negocio si pierden el juicio.

Al principio, los obreros sobrevivientes de Mercedes-Benz se resistían a reclamar judicialmente una indemnización financiera. Los que fueron torturados en los centros clandestinos –Héctor Ratto, Juan José Martín y Alfredo Martín– ni siquiera aceptaron la indemnización que les ofreció el gobierno argentino en tanto víctimas del terrorismo de Estado. Temían ser acusados de utilizar el discurso de los derechos humanos para lucrar en su beneficio personal. Después de muchas discusiones, se encontró una solución. En el caso de que el Tribunal en San Francisco fije una indemnización elevada, todos los demandantes acordaron en los contratos con los abogados estadounidenses que sólo aceptarán 220 mil cada uno, que es el importe establecido por la legislación argentina para cada detenido desaparecido. El resto de la indemnización será destinada a concretar el viejo sueño que tenían los gremialistas asesinados: la construcción de un hospital en González Catán.

DaimlerChrysler reacciona con pánico frente al juicio en San Francisco, su mayor mercado. Quiere ganar tiempo a toda costa. La Empresa debía ser notificada en abril del 2004, como lo requieren la ley norteamericana y el derecho alemán. En el "Convenio sobre la notificación o traslado en el Extranjero de documentos judiciales o extrajudiciales en materia civil o comercial" (La Haya, 1965), los Estados se comprometen a entregar dentro de su territorio, los documentos judiciales provenientes del exterior, aún en procesos ajenos a la propia jurisdicción. La única circunstancia que permite, excepcionalmente, la no entrega de los documentos, es si la mencionada entrega pone en peligro los derechos soberanos o la seguridad nacional del Estado entregador. A pesar de que la notificación es una simple formalidad, DaimlerChrysler piensa que ella pone en peligro la existencia de la República Federal de Alemania. Con tal argumentación apeló ante el tribunal superior, la Corte de Apelaciones (OLG) de Karlsruhe. Solicitó la suspensión de la notificación. La Empresa presentó un informe de un experto –el catedrático Burkhard Hess–, escogido y retribuido por DaimlerChrysler, donde se alega que el juicio "abusa" de la ley de EE.UU. e intenta extorsionar a Daimler para que acepte un acuerdo financiero. La Corte suspendió la notificación, por el momento.[2]

Notas

[1] El 31 de agosto de 1999 en el programa *Kritisches Tagebuch*.

[2] Corte de Apelaciones de Karlsruhe (*Oberlandesgericht*). Sentencia del 7 de septiembre de 2004, 10 VA 5/04: "La empresa plantea que el juicio se hace con un propósito abusivo, porque frente a la ausencia clara de pruebas y con pocas chances de ganar jurídicamente el pleito se verá forzada, presionada por los medios, a correr el riesgo de ser juzgada en caso de aceptar el pago de una indemnización".

Capítulo 15

Los bebés del cautiverio

Juan Ronaldo Tasselkraut es de origen judío. Hizo una carrera poco común en Mercedes Benz Argentina (MBA), hoy DaimlerChrysler Argentina. Fue William Mosetti —soldado en la Segunda Guerra Mundial y a partir de 1960 director general de MBA— quien dispuso su contratación, así como la de otras personas que habían perdido a familiares en el Holocausto. Mosetti, en tanto ex agente de la inteligencia norteamericana, debió saber que casi todos los integrantes de la familia Tasselkraut, que quedaron en Europa, fueron asesinados en los campos de concentración o mientras realizaban trabajos forzados.[1]

Juan Ronaldo Tasselkraut nació el 5 de abril de 1941 en Buenos Aires. Su familia vivía en condiciones humildes, pero su ingreso a MBA le abrió un camino prometedor al joven técnico. Cuando el gerente secuestrado Heinrich Metz recupera su libertad, y asustado abandona Argentina para radicarse en Alemania, se le asigna a Tasselkraut ese cargo de gerente de Producción en la fábrica de González Catán. Los obreros describen al "Moco Verde" —tal era su apodo— como muy autoritario y hombre de confianza del Ejército. En sus frecuentes visitas a la fábrica, los militares se dirigían directamente a la oficina de Tasselkraut.

A su vez, Tasselkraut tenía en González Catán a un hombre de confianza: el jefe de Seguridad, Rubén Lavallén, ex comisario de la Brigada de Investigaciones en San Justo. En mayo de 1978, una pareja secuestrada en Uruguay, Mónica Sofía Grinspon y Claudio Ernesto Logares, fueron conducidos a la Brigada de Investigaciones en San Justo. Allí fueron vistos por última vez con vida. Con ellos estaba su hija Paula de veintidós meses de edad, también secuestrada. No se sabe si su madre Mónica estaba en ese momento embarazada.

Lavallén, quien no puede tener hijos, se apropió de la niña y la inscribió como hija suya, recién nacida, a pesar de que Paula ya tenía casi dos años. La partida de nacimiento fue firmada por el médico policial Jorge Vidal, colega en la Brigada de Investigaciones de San Justo, con fecha 25 de julio de 1978.

Durante la dictadura, la abuela de Paula, Elsa Pavón, no pudo averiguar dónde se hallaban su hija Mónica y su yerno Claudio: ellos siguen desaparecidos hasta el día de hoy. Procurando desesperada localizar a su nieta, se unió a otras mujeres que padecían el mismo calvario: fundaron la "Asociación Abuelas de Plaza de Mayo". Después de la retirada de los militares a los cuarteles en 1983, Elsa Pavón formaliza una denuncia contra Lavallén, iniciando la primera causa por robo de menores. Desde 1978 Lavallén ya no trabajaba en la Policía sino en Mercedes Benz. Un test genético (ADN) prueba que Lavallén no es el padre biológico de Paula, sino que es hija de Mónica Sofía Grinspon y Claudio Logares. A partir de entonces vive con su abuela. El represor es procesado por sustracción y apropiación de una menor y condenado a cuatro años de prisión, de los cuales cumplió dos.

Los asesinatos de los padres de Paula Logares siguen impunes, como miles de crímenes contra opositores durante la dictadura militar. La ley de Punto Final de 1986 establece un plazo de prescripción para la acción penal, y la ley de Obediencia Debida de 1987 limita a los altos mandos el juzgamiento por violaciones de los derechos humanos. Pero se excluye de dichas leyes el delito cometido por sustitución de estado civil, sustracción y ocultamiento de identidad, razón por la cual, las causas penales que se instruyen por un menor desaparecido no son afectadas por estas leyes. Por otra parte, este delito tiene carácter permanente, no prescribe. En virtud de ello es posible juzgar a los comandantes de la Junta Militar sin que medie la derogación previa de las leyes de amnistía.

En el marco de la Convención Internacional por los Derechos del Niño aprobada por la Asamblea General de las Naciones Unidas en 1989, por iniciativa de Abuelas de Plaza de Mayo se promovió el derecho a la identidad. Esta Asociación estima que fueron quinientos los bebés nacidos en cautiverio durante la dictadura militar (1976 - 1983), en el Hospital Militar de Campo de Mayo, en la Escuela de Mecánica de la Armada (ESMA) y en otros campos de detención clandestinos. De los quinientos, se ha documentado la mitad. Unos ochenta de ellos han sido recuperados, ya sea a través de una investigación o por presentación voluntaria. Los familiares biológicos siguen buscando al resto.

La cantidad de secuestros de niños junto a sus madres y de mujeres embarazadas, el funcionamiento de maternidades clandestinas, las declaraciones de los mismos militares y la existencia de listas de familias "en espera" de un nacimiento en esos centros clandestinos para apropiarse del bebé, demuestran la existencia de un plan sistemático de robo de criaturas, consideradas como "botín de guerra".[2] De acuerdo a la lógica capitalista, al comprobar la existencia de demanda por un determinado producto, surgirá un empresario que se hará cargo de satisfacerla. Y en su afán por aumentar la productividad, en el caso que nos ocupa, deberá evitar que los militares, en su urgencia por obtener información de la detenida, dañe o ponga en peligro la valiosa mercancía. Lo que sucedió en por lo menos nueve casos:[3] mataron niños en ocasión de secuestros violentos y asesinaron bebés en gestación en el vientre materno durante la tortura. Eran inocentes –a pesar de ser cría de subversivos–, manifestaron indignados los curas que frecuentaban los centros de tortura. Y desde el punto de vista mercantil se lo definió como un desperdicio.

El Ejército instaló un lugar de atención para parturientas en el Hospital Militar de Campo de Mayo –su mayor centro de torturas–. A las presas embarazadas les eran inducidos los partos, para luego someterlas a torturas e interrogatorios. Muchas de ellas fueron asesinadas y probablemente arrojadas desde aviones al Río de la Plata. Sus bebés fueron entregados a militares o a personas de su confianza e inscriptos como hijos propios en el Registro Civil.

El Hospital Militar no fue previsto para atender partos de mujeres presas. La presencia de "una mujer vigilada por un soldado armado, en la sala general, alteraba el orden normal de la sala" –recuerda un médico militar[4] que prestaba servicios en Campo de Mayo en 1977–. Fue necesario apartarlas de las otras pacientes e instalarlas en el sector de Epidemiología, donde las hacían parir con los ojos vendados y las manos atadas. Las condiciones técnicas en ese sector de Campo de Mayo eran improvisadas, al menos al principio.

En el Juicio por la Verdad incoado en La Plata, los jueces preguntaron al ex director de Asuntos Jurídicos de Mercedes Benz Argentina, Rubén Pablo Cueva, si alguna vez había ayudado a un detenido:

Sí. En ese tiempo, la Empresa que regularmente hacía una serie de donaciones había hecho una donación de un aparato para neonatología a un determinado hospital, creo que de Campo de Mayo. Lo que permitió a nosotros, esas donaciones dependían de mi Sector, y nos permitió conocer a un cura. Mi secretaria que había tratado con él el asunto de ese aparato, le digo: llámelo y dígale el problema si puede hacer algo. Al día siguiente nos llama y nos dice: todavía no salen, pero ya sabemos dónde están y si sabemos dónde están, están vivos.

Esta declaración fue filmada para mi documental *Milagros no hay*, el cual que fue exhibido el 25 de marzo de 2004 por el Canal 7 de la Televisión Nacional Argentina. Fue visto por casi todo el país. Pero quienes mayor atención le prestan son los empleados de Mercedes Benz, ya transformada en DaimlerChrysler.

Juan Ronaldo Tasselkraut se fue de Argentina en 1982, cuando la democracia amenazaba renacer, con un traslado de su cargo de Daimler-Benz al País Vasco. En ese mismo año se le concedió la ciudadanía alemana y se le expidió el pasaporte alemán Nº 3201.1902.57. "Esa fue la ciudadanía de mi padre en el momento que nací yo y me sentía así", dice Tasselkraut,[5] "podía entregar la ciudadanía alemana de esa manera a mis tres hijos".

En 2004 ya no trabaja en la Firma, pues tuvo que retirarse después de las denuncias sobre su colaboración en la desaparición de obreros en Argentina, realizadas en las asambleas de los accionistas en Berlín. Se retiró con una muy buena jubilación y –así comentan sus ex colegas– con una condición: que a su hijo Diego Christian le dieran un puesto de trabajo en la sede central de la Empresa, en la Avenida del Libertador 2424.

El 25 de marzo de 2004, el ex director Cueva es exhibido masivamente en los televisores mencionando la *"donación de un aparato para neonatología"* para Campo de Mayo. Todo empieza a hacerse comprensible. Diego Christian es morocho, un improbable "cabecita negra" europeo. Juan Ronaldo, su supuesto padre, es de cutis blanco, muy blanco. A partir de ese día, los compañeros de trabajo comienzan a bromear con Diego Christian, aludiendo al misterio sobre sus padres biológicos. ¿Serían subversivos? ¿En la Avenida del Libertador 2424 trabaja un "botín de guerra"?

La partida de nacimiento de Diego Christian está fechada el 19 de agosto de 1974[6] y muestra el número de su DNI 24.128.842. Según la Certificación de Nacimiento otorgada por el Médico o Partera –sin fecha– adjunta a la partida de nacimiento, llega al mundo en el Sanatorio Metropolitano. En el formulario del Sanatorio figura la dirección nueva del mismo: Alsina 2184. Pero la dirección está tachada y en forma manuscrita se sobrescribe: Lavalle 1970. En esa dirección del sanatorio había nacido Karina, la hermana mayor de Diego Christian. El Sanatorio Metropolitano se mudó a la calle Alsina en 1975 y más tarde cerró sus puertas. Obviamente, alguien quiso simular que Diego Christian nació en el mismo lugar que su hermana. Pero en 1974, año de nacimiento de Diego Christian, el Sanatorio ignoraba que algún día se iba a mudar a la calle Alsina.

No existe un trámite de adopción legal. Hay varias suposiciones posibles. Primera: Diego nació en una familia pobre y fue entregado voluntariamente, sin que interviniera la represión, por su madre biológica a Tasselkraut quien lo inscribió como hijo propio. Esto implica el cometimiento de un delito federal no prescripto. Segunda: Diego nació en 1974, durante la dictadura militar fue secuestrado junto a sus padres posteriormente desaparecidos e inscripto como hijo propio, manteniendo la fecha de nacimiento original. Tercera: Diego Christian nació en 1974 en cautiverio, o fue secuestrado como un recién nacido hijo de "subversivos", en épocas todavía de democracia. Se estima que el plan sistemático de robo de niños comenzó en 1976, a partir del golpe de Estado. Pero, es posible que la apropiación esporádica de hijos de opositores se iniciara antes. Basta un ejemplo para comprender la dimensión de lo que se ignora: ¿qué sucedió en Tucumán, provincia declarada "zona liberada" por la guerrilla y sometida a una represión feroz, sitiada por el Ejército Argentino en 1975, en el marco de la "Operación Independencia"?

La partida de nacimiento de Diego Christian está firmada por Nélida E. Valaris.[7] Pero en la causa del robo sistemático de bebés consta el lugar de trabajo de esta señora: "Valaris era obstétrica del servicio",[8] declaró el médico con rango de capitán en el Hospital Militar de Campo de Mayo. La doctora Silvia Bonsignore de Petrillo –médica en Campo de Mayo desde 1972– admitió que ella, junto con Nélida Valaris, atendió partos de presas.

La actuación de los médicos en la tortura y en los partos clandestinos durante la dictadura de Jorge Videla no perjudicó su carrera. La partera Nélida Valaris, hoy de 62 años, comenzó a trabajar en 1973 en el Hospital

Militar de Campo de Mayo y actualmente dirige la Clínica Constituyentes S.A. en Morón, provincia de Buenos Aires.

Me pongo en contacto con Diego Christian.[9] Llamo a la empresa DaimlerChrysler y me comunican con la extensión 8770. "¿Diego Christian Tasselkraut?" "Sí", contesta. Le digo mi nombre, él sabe quién soy. Al inicio, está de acuerdo en encontrarse conmigo, pero a las dos horas me llama y cancela el encuentro. "¿No querés recibir informaciones sobre tu adopción? "No", dice, "todo lo que tengo que saber, ya lo sé".

Un test genético puede definir su origen biológico. Si se niega a realizarlo, sea para proteger a su padre "adoptivo", sea para cubrir la responsabilidad de su empleador, la DaimlerChrysler, será la Justicia la encargada de la indagación.

El hermano de Juan Ronaldo, Alejandro Tomás Tasselkraut, ya es investigado: también tiene dos hijos adoptados que no figuran en el libro de adopciones: Andrés Gerardo y Pablo Daniel. A pesar de que los padres vivían en Vicente López, ambos están inscriptos –como parto domiciliario– en el Registro Civil de San Martín, en las cercanías de Campo de Mayo, con la firma de la funcionaria, "interinamente", Edith Guzmán. Ella aparece involucrada en varias causas de menores nacidos en cautiverio.

Andrés nació el 1 de agosto de 1979, según el certificado de la partera Rosa Petitto. Esta doctora, fallecida, falsificó partidas de nacimiento. Por ejemplo en el caso del hijo de Damián y Alicia Cabandié, ambos detenidos-desaparecidos, quien nació en cautiverio.[10] Petitto se apropió de un menor y lo inscribió como hijo de ella –causa Iván Axel Ajler– donde también firma la funcionaria Edith Guzmán del Registro Civil de San Martín "interinamente". Un ADN probó que Iván Axel no era su hijo, como consta en la partida[11] firmada por la partera Ángela Cuppari, sobrina de Petitto.

Cuppari es la partera que firmó la partida de nacimiento de Pablo Daniel Tasselkraut. Vive en Vicente López, en un apartamento chico. Toco timbre. No quiere abrir la puerta. ¿De qué se trata? ¿Un asunto personal? Sospecha. Recién cuando le menciono una partida que lleva su firma, accede a dejarme entrar. Está asustada. Lee la partida y alega que nunca atendió ese parto, que no conoce a la familia Tasselkraut y que nunca estuvo en el domicilio que figura en la partida. Está segura. Sí conoce a Edith Guzmán, del Registro Civil de San Martín. ¿Y cómo llegó su firma a la partida? Puede ser que su tía, la doctora Petitto, fallecida, haya falsificado su firma.

Me pongo en contacto telefónico con la familia de Alejandro Tomás Tasselkraut. ¿Qué quiere? ¿Hablar sobre la adopción? Deben haber estado esperando mi llamada desde hace tiempo. Ahora se abroquelan. Su esposa Ruth acepta mantener "una conversación entre mujeres", como define ella. Pero finalmente no concurre a la cita pactada. Hablo entonces con Andrés. Siempre ha manejado en su círculo de amigos el hecho de ser adoptado. ¿Te has preguntado si tus padres biológicos son desaparecidos, asesinados por la dictadura? Miles de veces lo ha pensado, pero no quiere hablar conmigo. ¿Y si hay en Argentina una familia que te está buscando? ¿Tus abuelas y abuelos? ¿A lo mejor tenés hermanos y hermanas? Silencio en la línea. Finalmente responde: "Si esas señoras me llaman, les voy a contestar". Se refiere a las Abuelas que buscan todavía a sus nietos.

Lo llama Elsa Pavón. Su hija Mónica pudo haber estado embarazada en el momento de su secuestro. Coincide con la fecha de nacimiento de Andrés. Le manda una carta. No quiere lastimarlo pues lo considera una víctima. Pero Andrés falta a su palabra: no contesta.

En el transcurso de 2005, la Justicia bonaerense abrirá un juicio oral por el robo sistemático de bebés nacidos en cautiverio durante la dictadura. Le corresponderá investigar, entre tantos otros casos, cómo fue que estos tres niños entraron en la familia de los Tasselkraut. Los análisis de ADN serán imperativos para descartar la coincidencia biológica y para identificar a sus verdaderos progenitores.

También deberá aclararse la actuación de la Embajada de la República Federal de Alemania en Buenos Aires. Jörg Kastl, embajador alemán en el momento del golpe, fue muy "comprensivo" para justificar el golpe de Estado: "El país estaba al borde del abismo, asesinaron los terroristas de izquierda y los terroristas de derecha".[12] A pesar de que muchos padres y madres de origen alemán pidieron ayuda para la búsqueda de sus hijos secuestrados, "la Embajada alemana no movió ni un dedo y no ayudó para nada", dice Ellen Marx, quien hasta hoy continúa buscando a su hija secuestrada.[13]

Los hijos de Juan Ronaldo Tasselkraut tienen la ciudadanía alemana. ¿Cómo la consiguieron? ¿Los funcionarios de la Embajada tomaron todas las precauciones necesarias? Personalmente solicité al cónsul alemán la información sobre si los hijos de Alejandro Tomás tienen también la ciudadanía alemana. Se negó a contestar "por las leyes de habeas data",[14] para proteger la privacidad de los Tasselkraut. Tampoco nada contestó cuando le pregunté qué actitud asumiría, en tanto cónsul de la República Federal, si yo, de cutis blanco, con mi marido de cutis también blanco, le presentase a "mi" hijo, negrito, solicitando su inscripción como ciudadano alemán.

Este capítulo, por el momento, quedará incompleto. Falta determinar cuál fue la participación de Mercedes Benz Argentina y sus gerentes en la adjudicación de los bebés del cautiverio.

Notas

[1] Así lo contó, en una entrevista con la autora, el único sobreviviente de la familia en Europa, Karl Heinz Tasselkraut, en Berlín en el año 2002.

[2] Las informaciones sobre el robo sistemático de bebés se encuentran en Internet en: www.abuelas.com.ar o www.nuncamas.org

[3] www.abuelas.com.ar

[4] Según la declaración del médico militar Julio César Caserotto, jefe de Ginecología de Campo de Mayo, ante el juez Roberto José Marquevich, el 9 de junio de 1998.

[5] Declaración de Juan Ronaldo Tasselkraut en la Embajada Alemana en Buenos Aires, 28 de agosto 2002, ante el Cónsul Sven Krauspe, RK 531.41 SK 21648.

[6] Circunscripción 62, Tomo 413, N° 2631.

[7] Así lo manifestaron el Dr. Darín y su señora en una entrevista con la autora en diciembre de 2004. Ambos trabajaron durante años en el Metropolitano.

[8] Declaración del médico militar Julio César Caserotto ante el juez Marquevich.

[9] La llamada se realizó el 27 de enero de 2005.

[10] www.nuncamas.org/investig/menores/fallos2_01.htm, causa N° 10.906/97.

[11] Acta 102.95020, 13 de octubre de 1977.

[12] Entrevista con la autora en su casa en Berlín.

[13] Entrevista con la autora en su casa en Buenos Aires, 2004.

[14] Carta de la Embajada Alemana a la autora, 13 de enero de 2005, RK 512 SK 27633, 27634 etc. pk/pw "dass die Botschaft den deutschen Datenschutzbestimmungen genuegen muss und deshalb diesbezueglich keine Auskuenfte erteilen kann".

Capítulo 16

La reacción de DaimlerChrysler

A partir de 1999, cuando hice público el resultado de mi investigación sobre los desaparecidos de MBA, la casa matriz DaimlerChrysler puso en juego sucesivas estrategias. Estrategia número uno: inmovilidad y silencio absoluto. La Empresa ha cultivado una imagen prestigiosa. Se reúne periódicamente con Organizaciones No-Gubernamentales (ONGs). Es una de las primeras empresas en firmar el exquisito "*Global Compact*", aquella promesa sin consecuencias de las grandes industrias de defender el bienestar social y los derechos humanos. Esto entretiene a las ONGs que procuran dialogar con las firmas. En torno a la mesa del Directorio, conversan sobre asuntos insignificantes con buenos modales. El presidente de la Comisión Interna, Erich Klemm, también contribuye para que las revelaciones no agiten las aguas. Los medios callan con prudencia, ya que la Empresa es un poderoso cliente en anuncios comerciales.

La televisión alemana tampoco desea enfrentarse al Consorcio. Rechaza la emisión de mi documental *Milagros no hay...*[1] "Ya hemos tenido una vez el tema derechos humanos, eso no interesa", "hay escasa aceptación por parte del público", etcétera. La mayoría de las redacciones ni siquiera fundamentan su negativa. El film no es emitido ni en su versión abreviada ni en el Tercer Canal (un canal cultural) a medianoche.

En Argentina la película es exhibida repetidas veces en clubes sociales y en cines de barrio. A menudo son invitados antiguos gremialistas sobrevivientes. Accediendo a una solicitud de la Comisión por los Derechos Humanos, también es exhibida íntegramente en el Parlamento Nacional. En marzo de 2004, a la hora de mayor audiencia, es trasmitida por la televisión estatal. Desde entonces el caso es conocido desde la Patagonia hasta La Quiaca.

La estrategia primera de la Empresa, el silencio, tampoco funciona totalmente en Alemania. En Internet es un tema muy consultado. Y en la asamblea general de accionistas de DaimlerChrysler, el grupo de los Accionistas Críticos exige una comisión investigadora independiente. Eso molesta.

La Dirección recurre a la estrategia número dos: no accede a formar una comisión independiente, pero contrata a un experto en derecho internacional, el catedrático berlinés Christian Tomuschat, quien en diciembre de 2003 presenta su informe final en Stuttgart, la sede de su empleador.[2]

> No existen comprobantes que autentifiquen la tesis, de que [...] las personas desaparecidas, pertenecientes a la fábrica, hayan sido secuestradas y asesinadas por las fuerzas de seguridad estatales, a instancias de la Dirección de la Empresa.

En el proceso de elaboración del informe se cometen graves errores. Tomuschat rechazó los ofrecimientos de los familiares de los desaparecidos para ser entrevistados. Por el contrario, mantuvo entrevistas con empleados seleccionados por la empresa, a quienes les falla la memoria al hablar sobre la represión. Entre ellos, algunos miembros de la Asociación del Personal Superior de Mercedes Benz Argentina (APS). Pero se negó a escuchar a Alfredo Martín, quien fue durante décadas militante, dirigente y secretario general de la APS y quien durante 36 años trabajaba en MBA. Martín había sido secuestrado en 1976 y torturado por Lavallén. Una reunión con Tomuschat, según le comunica MBA, sería "*contraproducente*" para su actividad laboral.[3]

Según Tomuschat, el despido masivo de 115 trabajadores en el año 1975 no fue "premeditado" y no encuentra ninguna evidencia de una actitud antisindical. Tras el golpe de Estado, la productividad en MBA baja rápidamente. Los protocolos mencionan:

> [...] acciones ruidosas, posturas negativas, actos de sabotaje, distribución de volantes y trabajo defectuoso. El [director] De Elías tuvo una entrevista con el Director General del Ministerio de Trabajo, el general Aranda, quien le solicitó información sobre la situación en MBA y sobre la Comisión de los nueve representantes de los trabajadores. La información correspondiente le fue suministrada.[4]

Los integrantes de la Comisión Interna, el "Grupo de los nueve", se retiran de sus cargos pues temen por su vida; los militares allanan sus casas y pretenden arrestarlos. El 5 de enero de 1977, un día después de las negociaciones salariales, son secuestrados Esteban Reimer y Hugo Ventura. Más tarde, la viuda de Esteban recuerda que antes de su secuestro le habían ofrecido una coima para que abandonase el gremio. Ante el rechazo de ese ofrecimiento, un representante de la patronal le anunció que "algo malo" le podía suceder. Para Tomuschat "no está claro" si esta amenaza fue proferida el día antes del secuestro. Podría haberle preguntado a la señora Reimer o a los otros gremialistas, pero no lo hizo.

La Dirección de MBA denuncia a Reimer como "agitador" frente a las autoridades militares. El 5 de enero de 1977 los militares se lo llevan de su casa. Desaparece. Tomuschat:

> No existe ningún elemento de prueba que indique que MBA, por medio de uno se sus representantes, instigó al secuestro y con ello al asesinato de Reimer.

Sostiene que la declaración del testigo Héctor Ratto no es creíble, le imputa "meras asociaciones de ideas subjetivas". Ratto había sido secuestrado en 1977 en la fábrica. En su presencia, el jefe de Producción Tasselkraut entrega a la Policía la dirección del trabajador Núñez. Núñez es secuestrado esa misma noche. En distintas oportunidades Ratto repite su declaración, con distintas palabras, pero siempre con el mismo contenido. Tomuschat no le cree a Ratto, la víctima, sino a Tasselkraut, el acusado. Éste niega haber entregado la dirección de Núñez. Tomuschat sostiene que Tasselkraut le había querido salvar la vida a Ratto.

El 19 de agosto de 1977 desaparece el último de los gremialistas de MBA, Alberto Arenas. El mismo día el director De Elías efectúa una visita al comandante del Cuartel Ciudadela. El acta de la reunión directiva (37/77) del 19 de agosto expresa:

> [...] [De Elías] explicó la situación laboral de MBA y señaló la importancia de contar con un clima de trabajo normal. Le fue prometido el apoyo más amplio posible. Luego de esta entrevista no ocurrieron otros secuestros de trabajadores de MBA. Esta intervención [fue] en todo caso exitosa para el futuro.

En ese momento los secuestrados aún se encuentran con vida. Dos semanas después de la visita del director de MBA, el 2 de septiembre de 1977, son "trasladados", como declara Ratto, es decir, asesinados. Lechner, otro director de MBA, constata ya el 31 de agosto de 1977, que el proceso productivo se normalizó. En las actas no hay indicios de que la Empresa haya intercedido en algún momento a favor de los secuestrados.

Tomuschat también endereza la declaración del ex-director de asuntos jurídicos de MBA, Rubén Cueva, sobre la donación de la Empresa de un "aparato de neonatología" para Campo de Mayo. Educadamente solicita una entrevista con el actual jefe del Cuartel. Pregunta por algún comprobante, pero resulta que nadie puede encontrar ningún recibo que compruebe esa donación. ¡Como si un régimen que asesina cobardemente a miles de personas se preocupara por conservar recibos! Tomuschat defiende a la Empresa, afirmando que no era de conocimiento público el hecho de que mujeres detenidas dieran sus hijos a luz en ese lugar.

> La donación de aparatos medicinales para el cuidado de recién nacidos no tendría por qué tener, necesariamente, un resabio inusual. Lo que podría leerse de la donación sería simplemente el hecho de que MBA se esforzaba por la creación y el cuidado de una buena relación con las FF.AA. argentinas.

El "informe Tomuschat" resulta un tiro por la culata. "Un escándalo, que quien fue un renombrado científico se preste para eso".[5] El diario suizo *Neue Zürcher Zeitung* –vocero del capital financiero suizo– lo califica como un "visto bueno partidario".[6]

Estrategia número tres: en la asamblea de accionistas de abril de 2004, frente a los diez mil asistentes, acuso a DaimlerChrysler de haber "lavado" dinero nazi en Sudamérica y de haber alojado allí a criminales de guerra y jerarcas nazis. A los pocos segundos el presidente del Consejo Administrativo, el banquero Hilmar Kopper, desconecta mi micrófono: el tema era una "ofensa a los accionistas", yo debería dirigirme a los tribunales. Jürgen Schrempp, gerente máximo del Holding, se esconde detrás del "derecho a guardar silencio".

Ambos permanecen sentados cuando Helmut Frenz, ex obispo luterano en Chile y durante años secretario general de Amnesty-International en Alemania, pide un minuto de silencio en homenaje a los quince sindicalistas de MBA, desaparecidos en Argentina. El presidente de la Comisión Interna Mundial, Klemm, tampoco se pone de pie.

Estrategia número cuatro: admitir lo que ya se conoce. Al menos sobre el tema de los nazis. Para el asunto de los "gremialistas desaparecidos", aún es prematuro. Cada vez más consorcios alemanes rompen el silencio sobre trabajadores forzados y sobre su afinidad con el nacionalsocialismo. Los tiempos han cambiado. La posguerra ha finalizado con el Tratado del dos-más-cuatro (1990), por el cual la República Federal recupera su calidad de Estado soberano. Daimler-Benz pudo incluso incorporar a la Chrysler Corp.

La vieja guardia nazi se ha extinguido. La globalización requiere la mención de "responsabilidades" y "reconciliación". La nueva generación de gerentes es dinámica y abierta, desaprueba el racismo y la discriminación. Se expresa en inglés, se considera moderna y describe al sindicalismo como un tedioso vestigio de tiempos superados. Algunos votan al Partido Verde, otros hacen donaciones a favor de Amnesty-International.

También en DaimlerChrysler algún directivo se ha modernizado. En la asamblea de accionistas de 2004, el *Chief Financial Officer* (Jefe de Finanzas), Manfred Gentz, ofrece su cooperación en procura de la verdad. Incluso se permite tener contacto con el "enemigo": me autoriza el acceso al archivo de las actas directivas, notas y correspondencia del período 1945 a 1960. Me advierten que no encontraré casi nada interesante y que probablemente yo ya tenga más material que la propia Empresa. Se repite lo sucedido en la investigación del tema de los trabajadores forzados, cuando en Los Ángeles se encontraron documentos de la Empresa que nunca habían sido vistos en Untertürkheim.

Entre los papeles que me son exhibidos no hay ningún documento comprometedor. Se refieren al desmonte de 1945 desde el punto de vista empresarial y al pleito con Mercedes Benz Argentina en los años cincuenta. Los libros de la contabilidad oficial.

Pido información. Los nombres de 22 personas que llegan a Argentina después de 1950 y que son empleados como "expertos" en Mercedes Benz. Entre ellos nazis y criminales de guerra. Algunas de esas personas posiblemente figuraban en el seguro social en Argentina con su nombre falso y en Alemania con su nombre verdadero. En Daimler alegan que las actas del personal son confidenciales, deben respetar la reglamentación de la protección de datos.

Entonces hago preguntas concretas, ineludibles. En las que no puede haber zonas grises: es blanco o negro. El Consorcio me niega cualquier información sobre Mosetti, quien fue director durante años ("[...] hasta ahora no hemos encontrado ningún documento sobre él, pero seguimos buscando").[7] Ni siquiera pudieron encontrar la ficha de personal de Ricardo Klement/Eichmann. La Empresa retrocede, confundida, a la estrategia número uno: silencio absoluto.

Las actas sobre el "personal especializado contratado enviado a Argentina" permanecen secretas y Heinrich Metz, uno de los pocos que aún viven, guarda silencio. La familia Müller en Córdoba continúa sin saber la verdadera identidad del padre. Metz disfruta de una pensión concedida por DaimlerChrysler. Para conservarla, debe callar sobre asuntos internos de la Empresa. El jefe de finanzas Gentz, abandona el Consorcio a fines del año 2004.

Notas

[1] El documental de casi dos horas, en castellano y en alemán, solamente recibió una ayuda para la producción de 5.000 Euros de la Fundación de Berlín "Stiftung Umverteilen".

[2] Tomuschat en la conferencia de prensa, presentando su informe en Stuttgart-Untertürkheim el 8 de diciembre de 2003.

[3] Declaración de Alfredo Martín a la autora, 2003.

[4] Informe Tomuschat, pp. 56 y 54.

[5] Frankfurter Rundschau del 9 de diciembre de 2003.

[6] Neue Zürcher Zeitung del 16 de enero 2004.

[7] E-mail a la autora de DaimlerChrysler, Finanzen-Controlling, 26 de julio de 2004.

Perspectiva

Durante la última dictadura en Argentina fueron detenidos sindicalistas de numerosas fábricas. Pero Mercedes-Benz ostenta el sórdido récord de la mayor cantidad de muertos. ¿Caligrafía nazi? En el "lavado" de dinero de los años cincuenta y en las desapariciones de gremialistas de los años setenta, aparecen involucrados los mismos nombres.

Pedro de Elías es contratado por Jorge Antonio en 1952. Luego cambia de bando y salva a MBA para Untertürkheim. Se mueve cómodamente en los cuarteles y elogia la "eliminación" exitosa, de los (supuestos) secuestradores de Metz. De Elías muere en los años noventa de cirrosis hepática.

Jorge A Valerga Aráoz regenta la empresa ficticia SIADA para Antonio, como testaferro de los alemanes. Su hijo asume la defensa de Juan Ronaldo Tasselkraut en el proceso por asociación ilícita.

Friedrich Karl Binder. Coordinador de la producción de motores de avión en Daimler-Benz, durante la Segunda Guerra Mundial, es enviado en 1951 a hacerle compañía a Jorge Antonio. Binder es el que trae a los nazis camuflados de "expertos". Cuando se produce el secuestro de Metz –1975– aplica mano dura contra los guerrilleros. Muere en 1976 en Brasil, en un accidente aéreo.

Hanns-Martin Schleyer. Antiguo mayor de la SS cuando la ocupación en Praga, hace carrera en Daimler-Benz. En 1976, le escribe al jefe del sindicato metalúrgico de Alemania (IG-Metall) que MBA "siempre ha apoyado los esfuerzos del jefe del sindicato (SMATA) y del ministro de Trabajo (Ruckauf), de combatir la subversión en las fábricas". Schleyer murió en 1977 a manos de la RAF, la guerrilla alemana.

Jorge Antonio disfruta su vejez. Para sus 87 años se mantiene bastante bien, sin lagunas de memoria. Especialmente cuando se refiere a la obra de su vida. Continúa apreciando a los alemanes. No lo abandonaron durante su exilio en Madrid. Le han pagado generosamente. Más tarde, Antonio

cobra por segunda vez. Esta vez el generoso es el presidente Menem, peronista igual que Antonio. El amigo Menem le concede algunas obligaciones
estatales, los llamados Bonos "Tidol 2". Según la prensa fueron unos setenta millones de dólares, aunque Antonio sostiene que fueron sólo treinta.
Quizá tuvo que entregar la diferencia. Pero eso sí, asegura, "no fue un mal
negocio".

Con la política no quiere tener nada que ver. A veces, en Punta del Este
o en el haras, recibe la visita de políticos. Llegan en busca de algún sabio
consejo del compañero de ruta de Perón. Pero ¿qué puede decirles? Esos
tiempos pertenecen al pasado. En aquel entonces, los gobiernos todavía
podían someter al Capital a sus leyes y a sus condiciones. Actualmente el
neoliberalismo triunfa en todos los frentes. No acepta órdenes de nadie.

A Antonio le preocupa su hijo, arriesgado al igual que él cuando era
joven. Pero solamente en la primera generación este tipo de energía produce maravillas. La empresa pesquera del júnior está en los titulares. Se descu-
brió el transporte masivo de cocaína en sus barcos. Además parece estar
involucrado en el asesinato del dueño de la competencia.

Antonio mira el reloj. Las preguntas comienzan a ser incómodas. No
quiere, en el ocaso de su vida, escuchar críticas. Mucho menos contestarlas.
¿Le pagaban los alemanes por el "lavado" de dinero un tercio del capital?
No quiere comprometerse, sacude la cabeza, medio incrédulo, medio afirmando. Y ¿fue el "lavado" de dinero un buen negocio en Argentina? ¿O
resultó saqueado el Banco Central? La pregunta lo irrita. En Argentina entró más capital del que salió. Eso es seguro. ¿Y si este capital era contrabandeado en efectivo? No escuchó esa pregunta.

> Los alemanes me ayudaron. Yo ayudé a los alemanes. Este es el *Gentlemen-
> Agreement.* Con lo que nosotros hicimos, hicieron una suma impor-
> tante. Si Usted a eso lo llama "lavado" de dinero... Yo quería una
> fábrica de camiones. Y la hice.

No se hace ningún reproche. ¿Por qué? —me contesta preguntando—. ¿Porque el dinero de los alemanes tenía un origen criminal? Él no lo dice, pero
lo debe estar pensando: quien roba al ladrón tiene cien años de perdón. Y los
alemanes habían robado el dinero a los países ocupados, a los judíos y a
los trabajadores forzados.

¿Cómo se obliga a un consorcio a decir la verdad? Incluso las autoridades oficiales se atrincheran detrás de la "protección de información" y del "deber de sigilo". El Vaticano es su propio Estado. La prensa guarda silencio, el tema permanece tabú. DaimlerChrysler seguirá en su postura y mantendrá cerradas las actas.

Para construir un tabú siempre se precisan dos interesados: uno que calla y otro que no desea saber. Ambos sacan provecho del tabú. Al que oculta le garantiza la continuidad de su poderío y a quien no quiere enterarse no le trastorna su holgazanería. El tabú es confortable. Si no se puede soportar la verdad, es mejor no conocerla. ¿Padecerá algún resabio culposo quien acompaña la corriente por propia conveniencia o el trepador servil que por cobardía o por oportunismo nada hace para impedir la injusticia?

¿Acaso los alemanes —inclusive los críticos— no han sacado provecho del producto de las cruzadas nazis? Aun aquéllos que se acomodan en la disculpa de haber nacido con posterioridad. Y nosotros, la generación de posguerra, ¿no tendríamos que estar agradecidos por habernos evitado el Plan Morgenthau* y porque el "milagro económico alemán" fue construido con dinero sucio? En lugar de reflexionar sobre estos temas, es más cómodo seguir creyendo en el mito de los "valores alemanes" – trabajo, esmero y moderación–. ¿Quién nos va a obligar a hacer preguntas y a buscar respuestas? La "verdad" no es obligatoria.

Ni siquiera existe el derecho a la "verdad". Ese cuarto mandamiento, tan necesario y tan menospreciado como los otros gritos de guerra de la Revolución Francesa: libertad, igualdad y fraternidad. Los enemigos de la hu-

---

* El "Plan Morgenthau" fue creado en 1944, por el entonces secretario del Tesoro Norteamericano Henry Morgenthau Jr. Consistía en la transformación de Alemania en un país exclusivamente agrario y sin industrias. Según Henry Morgenthau, el objetivo era el desmantelamiento de la zona del Ruhr y el Rhin, dejando sin trabajo a 20 millones de alemanes y garantizando el bienestar económico a Inglaterra y Bélgica, pues el Ruhr era su principal competidor en el carbón y el acero. La intención era mantener un control estratégico e industrial. El Plan fue desechado fundamentalmente por consideraciones norteamericanas estratégicas de posguerra de colocar a Alemania Occidental como primera línea en la lucha contra el Bloque Soviético. Se resolvió entonces el fortalecimiento, en lugar de la "ruralización" de Alemania, mediante el plan Marshall.

manidad siguen siendo los mismos, como lo describe Immanuel Kant, la gran figura de la Ilustración alemana:

> ¿Son la pereza y la cobardía las causas por las que gran parte de la gente, mucho después de que la Naturaleza los haya liberado de toda tutela, permanecen gustosos tutelados toda su vida, y por qué a otros les resulta tan fácil erigirse en tutores? Es tan cómodo estar bajo tutela.

ESTA EDICIÓN DE 4.000 EJEMPLARES
DE *LA CONEXIÓN ALEMANA* SE TERMINÓ DE IMPRIMIR
EN ARTES GRÁFICAS PISCIS S.R.L.
JUNÍN 845, CAPITAL FEDERAL,
EL 24 DE FEBRERO DE 2005.

edhasa